U0907939

科斯评传

吴惠林 著

海南出版社
·海口·

科斯评传
吴惠林著
本书为五南图书出版股份有限公司授权海南出版社在中国大陆出版发行简体字版本。

版权合同登记号：图字：30-2019-021 号
图书在版编目（CIP）数据

科斯评传 / 吴惠林著 . -- 海口：海南出版社，2019.10
ISBN 978-7-5443-8887-0

Ⅰ．①科… Ⅱ．①吴… Ⅲ．①科斯 (Coase, Ronald Harry 1910-2013) －评传 Ⅳ．① K835.615.31

中国版本图书馆 CIP 数据核字 (2019) 第 209368 号

科斯评传

KESI PINGZHUAN

作　　者：吴惠林
监　　制：冉子健
责任编辑：张　雪
策划编辑：谌紫灵
封面设计：MM末末美书 QQ:974364105
责任印制：杨　程
印刷装订：三河市祥达印刷包装有限公司
读者服务：武　铠
出版发行：海南出版社
总社地址：海口市金盘开发区建设三横路 2 号 邮编：570216
北京地址：北京市朝阳区黄厂路 3 号院 7 号楼 102 室
电　　话：0898-66830929　010-87336670
电子邮箱：hnbook@263.net
经　　销：全国新华书店经销
出版日期：2019 年 10 月第 1 版　2019 年 10 月第 1 次印刷
开　　本：880mm×1230mm　1/32
印　　张：6.5
字　　数：135 千
书　　号：ISBN 978-7-5443-8887-0
定　　价：42.00 元

自序

看时局念科斯

美国芝加哥大学于2013年9月2日宣布，1991年获颁诺贝尔经济学奖的美国经济学家罗纳德·科斯（Ronald Coase，1910—2013）于当日辞世，享年103岁。在人人争权夺利的现时，科斯的离世难免令人特别感慨。

科斯在81岁高龄才获得诺贝尔奖，而之所以获奖，主要是因为他于1937年发表他21岁大学还未毕业时就写的《厂商的本质》，以及在1960年发表的《社会成本的问题》这两篇文章的贡献。第一篇文章解释了厂商的出现，目的是节省交易成本（transaction cost）；第二篇文章则解释了财产权的起源，为的也是降低交易成本。

充满交易成本的人间

人间毕竟不是天堂，时时处处都充满成本。市场之所以出现，就是因为它能节省成本。市场机制固然是资源配置最有效率的方法，但要想有效率地运作，市场上必须有确定、独有且可自由转移的财产权，否则为了磋商资源配置所花的成本，就会大到不堪负荷。顺此推理，法律经济学应运而生。法律经济学在理论探讨之外，也用于实际问题，譬如环境污染和交通拥挤。若创设新财产权，经由技术和法制的进步，让难以配置的财产权私有化就可化解这样的难题。

不过，法律的制定及执行，往往由政府主导，这也就形成了当前各国社会里的两大困境。一为司法如果不能独立，就很容易成为当政者的“工具”，“合法掠夺”事件就会层出不穷；二为法律的扩大反而会使交易成本增加，因为法条规范、限制人的行为是“权力”的表征，于是“多多益善”是执法者及司法者所希望的，甚至以法为职业的人士也有此种期待。因此，原本是提供某些让个人皆可遵循的“准则”，从而降低“不确定”性，并减少交易成本，到头来却使个人处处不便，动辄得咎。

科斯呼吁大家跳出“黑板经济学”，进入实际生活。书本上、黑板上所画的图形、所写的模式，都只是非常简化的形式，是训练人的推理能力、培养人的逻辑概念的工具，不能直接用在实际生活中。科斯在 1988 年的《阐释社会成本的问题》一文的结语中以政府最常用的税收制度为例，引用另一位经济学家鲍莫尔（William J. Baumol）的话：“总体来说，我们实在没有什么理由对一五一十地实施庇古式税收制度抱持太大的信心。实施这个制度所需要的税收，或所需给予补贴的额度，我们不知道应该如何去计算，也不知道如何在尝试错误中去算出大概的数字。”

飞越“黑板经济学”

科斯认为，鲍莫尔所说的“庇古派传统的结论本身，实际上是没有瑕疵的”指的应是逻辑上没有瑕疵，而且假定能将该制度付诸实施的话，资源的配置确实可以达到最佳。科斯说他从来就没否认过这种推论的正确性，但他说：“我的看法不过是，这些税制方案只是些梦想罢了。当我年轻的时候，有人说，说不出口的蠢话可以用唱的。而在当代经济学中，说不出口的蠢话，则可以用数学来表达。”

科斯明确表示，这些税制方案是不应该施行的，否则会产生不良后果。可是，在现实社会中，无论海内外，当权者却都将用这些数学式子推导出来的东西作为政策且将其实行。

以“头脑的体操”作为“复杂人生”的应用，当然是够荒谬的。

我们要问的是：为何这种荒诞剧却无时无刻不在世界各地上演呢？“急切想获得‘科学’的精确数据”可能就是“标准答案”，因为一般人都容忍不了“见仁见智”！遗憾的是，真实的“人的世界”真的就是见仁见智！毕竟每一个“人”，都是活生生、有灵魂、有思想的生灵。

既然人是具有“主观价值”的活生生的个体，就有别于硬邦邦的机器，也不同于“有形的物质”，怎么可能会有“机械化、模式化”的“标准行为”呢？书本上、黑板上演算的模式充其量可以说是“原理、原则”，落实到活生生的“行为个人”身上，当然人与人会有区别，即便是同一个人在不同时点，也会有不同的抉择呀！

对照当前政策和各种方案的制定，难免让人更怀念科斯！于是，我兴起写科斯、介绍科斯原创性理论的念头。虽然科斯明确表示，大家都没能明白他的理念，但还好的是，他也公开表示，只有闻名全球的产权名家张五常教授“真正了解”，而张教授也时常成为科斯的代言人，甚至充当其替身。所以，除了由科斯本人的说法外，由张五常的言词和文章来了解科斯也是很合适的。本书内容主要就是来自以上两种。本书第一章是以一篇科斯的自述演说词为基础改写的；接着第二章是根据张五常的数篇描述他与科斯交往的文章改写而成的；第三章则综合一些文献撰写了科斯的思想观念和学术贡献；第四章则选取张五常和笔者发表的数篇应用或介绍科斯思想、理念的文章作为“科斯思想观念的应用”；第五章则再扼要描述科斯的一生，并以感想作为结语。

与《哈耶克评传》《弗里德曼评传》《斯密评传》三本书一样，本书也以通俗方式呈现，没有注解和参考文献，希望大众一目了然，轻松愉快地认识科斯并感受其爱世人的理念与胸怀。而对于一些被本书引述的文献作者，只能从心底默默表示感谢！

本书之成，除要感谢张五常及被引述的先进学者外，对于好友李秀卿和五南图书出版公司及编辑的辛苦编校、封面设计等也要表达感谢之意。当然，更衷心期盼读者大力指正。

2016 年 11 月 20 日于台北

目录

第二章 张五常眼中的科斯 _039

以我之见，一个明显的定论是，科斯的名字总有一天会写进中国的史册；但我不确定的是，其中的原因有没有他对中国改革的贡献——思想贡献永远是问号。我确定科斯会名留中国青史的原因是，他对中国衷心的爱和对中国人的真诚关怀。很多中国的青年学者知道科斯，他的名字在今天已变得有口皆碑了。中国将来的历史是由这些青年学者和他们的子子孙孙写出来的。

第三章 科斯的经济思想与学术贡献 _081

由于犯错是人类的常态，而在追求真理的过程中，也无从避免人类的无知，唯有开放的思想观念市场才是帮助人类尽量接近真理的最佳工具。此外，具备批判思维和愿意挑战权威的大众，而且是同时保持宽容和开放的胸襟的大众，才是“自由的思想观念市场”得以发展的关键因素。

科斯定理并非排斥或否定政府的重要性，而是要政府扮演适当角色，那就是明确产权、保护产权、创造市场、充当公正裁判等职责。在自由民主社会里，科斯的主张是可行的，若配合“人心向善”就更完美了。

第一章

科斯成为经济学者的演化之路

科斯定理从面世开始不仅对美国法学教育和法学研究影响深远，也对全球各地的法学界和制度经济学界有着难以言喻的引导作用，这也就难怪科斯会有“法律经济学创始者”之称谓。事实上，终其一生，科斯不断地建议和劝导他的经济学同人，应该跳脱“黑板经济学”（Blackboard Economics）的既有窠臼，尝试将经济学转化为与真实世界能够彻底联结起来的“真正的社会科学”。

2013年，诺贝尔物理学奖揭晓的消息晚了一个小时发布，原因是一时联系不到英国爱丁堡大学名誉教授希格斯（Peter Ware Higgs）这位得奖者，而84岁高龄的希格斯“没手机也没电视，住所不连接网络”，过着令人惊讶的“低科技生活”，也因此很难联络到他。希格斯在半个世纪以前就利用标准模型提出俗称的“上帝粒子”，这是20世纪重大的“科学”发现，这么顶尖的科学家竟然过着“低科技生活”，难怪让人惊讶。不过，这也可让世人思考现代科技带给人的影响究竟是好还是坏。

看到希格斯这位顶尖科学家过着“低科技生活”，我立即想到另一位获得诺贝尔奖桂冠的现代隐士，他就是在2013年10月诺贝尔奖揭晓之前的9月2日（芝加哥时间）过世的1991年诺贝尔经济学奖得主科斯，据说他的住所也是连电话都没装呢！

巧的是，科斯也是英国人，1951年才移居美国。这位现代隐士的“科斯定理”（Coase Theorem）被全球知名的产权名家张五常教授认为“改变了下一代的民生”，但科斯本人却认为了解其本意者并不多。这到底是怎么一回事？如今科斯已“盖棺”，却尚未完全“论定”，因此很有必要引介科斯的一生及他的理念，尤其在当今政府干预、经济管制、官民对立、族群相煎时，更让人怀念科斯，也很有必要再深思“科斯定理”及科斯抗拒“黑板经济学”带来的启示。

究竟这位一直以来自称“意外的经济学家”（acci-dental economist）的科斯，是如何走进经济殿堂又是如何功成名就的呢？

出身于平凡家庭的残疾人

1910 年 12 月 19 日下午 3 时 25 分，科斯在英格兰伦敦近郊米德塞克斯（Middlesex）郡的威尔斯登（Willsden）出生。英国著名作家、20 世纪现代主义与女性主义先锋伍尔芙（Virginia Woolf, 1882—1941）曾说，“1910 年 12 月左右，人类的性格有了改变”，这导致了“宗教、行为、政治与文学上的变化”。也就是说，1910 年 12 月左右的一个日期标示了人事的转折点，而在这个日期出生的科斯也顺其自然地注定了他在经济学的研究方法上和其前辈学者不尽相同。

科斯是家中的独子，其父亲在邮局担任电报员，母亲在婚前也在同一个地方任职。父母虽然都在 12 岁之后就辍学，但却极有教养，只是对于学术工作一无所知，而且也不感兴趣，这也使得科斯在成长过程中对学者的生涯感到迷茫。虽然科斯的志趣一直都在学术研究方面，但无人予以指导，以至他无从分辨严谨的学者与浮夸的术士。尽管如此，科斯还是经由其父母在两件事上获益良多：一是其父母虽不能和他共享志趣，却一直支持他去做自己想做的事；二是他的母亲教导他要真诚。

芝加哥学派的奈特（Frank Hyneman Knight，1885—1972）也曾说：“科学的基本原则——真实或客观——本质上就是道德的原则。”科斯一心遵从母亲的教诲，这对他的工作来说意义重大。科斯一贯的目标是要理解经济体系的运作，要掌握真理，而非一味地支持特定的立场。在批判别人时，科斯总是试着了解对方的立场，以避免产生误解。对于不劳而获的成果，科斯向来没有兴趣。

幼年时，科斯因为脚疾必须穿铁鞋行走，因而上的是残疾人学校。学校的主管单位同时管理另一所供心智障碍者就读的学校，科斯怀疑这两所学校间有些课程是互通的。科斯对学校所教的东西没啥记忆，只记得有一阵子学过编篮子，但他对这门有用的技能学艺却不精，自己也觉得可惜。

阴错阳差选读商学

威尔斯登当地的小孩通常在 11 岁时参加中学入学考试，科斯可能因为就读残疾人学校而错过入学考试。不过，在父母的争取之下，科斯得以在 12 岁那年参加考试，并获得基尔本中学（Kilburn Grammar School）的奖学金。该校的师资力量强大，科斯在正规课程中接受了扎实的教育。

1927 年，科斯通过大学先期入学考试，他在历史和化学两门课程上表现优异。之后科斯又在中学待了两年，为伦敦大学（University of London）的四级考试做好准备。这两年的课程相当于大学一年级所学习的课程，所以科斯必须决定主修的科系。他当时的第一志愿是历史，但后来发觉要取得这方面的学位，必须通晓拉丁文，而因他上中学晚了一年，同年龄段的同学已念了一年的拉丁文，所以他被分到科学组。因此，科斯只好转而主修另一个他表现优异的科目，即化学。不过，科斯发现自己不喜欢数学，而数学又是基础科目，于是他只好再度变更主修的科目，改学商学，因为这是当时他在基尔本中学剩下的唯一选择。

科斯回忆说，他之所以讨厌数学，是因为当时只学了数学公式和运算过程，并不了解其中的意义。他说如果能早一点儿读到汤普逊（Silvanus Thompson，1851—1916）的《轻轻松松学微积分》（*Calculus Made Easy*）——这本书对各项运算的意义有清楚的解说，或是中学的数学课程采取同样的教法，那么他就很可能会继续攻读科学学位。不过，科斯也庆幸还好并非如此，否则他可能只是一个普通的数学家，而绝对不可能成为一个一流的经济学家。

科斯开始准备获中级入学考试，以获得伦敦大学商学学士学位，由于基尔本中学不教会计学，他必须自学该科目。虽然科斯对这些商学科目只具备粗浅的知识，但他还是通过了考试。到 1929 年科斯 19 岁时，他就前往伦敦经济学院继续学习商学学士的课程。1930 年，科斯通过最终考试的第一部分。关于第二部分的课程，他决定选修产业组，这是被称为培养经理人的课程。科斯就在对这些都不了解的情况下，做了改变他一生命运的重要决定。

就读伦敦经济学院

科斯的心灵导师普兰特（Arnold Plant，1898—1978）在 1930 年受聘为伦敦经济学院商学教授，特别是在企业管理方面承担大任。在这之前，普兰特曾在南非的开普敦大学担个任类似职务。科斯在选修产业组的那一年，普兰特接管了这个组。1931 年，在产业组课程结束前 5 个月左右，科斯参加了普兰特主持的研讨课程，获得了莫大的启示。普兰特引导科斯认识亚当·斯密（Adam Smith，1723—1790）的“看不见的手”（invisible hand）。虽然科斯在伦敦经济学院学过的一些课程和经济学有关，但他从未修过经济学。在普兰特的教诲下，科斯了解了生产者会相互竞争，而竞争的结果是生产者会提供给消费者最需要的产品。普兰特进一步说明，整个经济体系是通过价格体系的运作来协调的。当时的科斯信仰的是社会主义，对于普兰特教授的这些观念感到新奇。

1931 年，科斯通过商学学士学位最终考试的第二部分。他只是在基尔本中学学习了大学一年级的课程，而伦敦经济学院规定必须在该校待上 3 年才能授予学位，因此科斯必须决定之后需学习的科目。在之前的第二部分课程中，科斯最感兴趣的是产业法，因此他曾想利用那一年专攻产业法。假如科斯真的那样做，那他无疑会往律师方向发展。还好，应该是在普兰特的运作下，科斯获得了伦敦大学 1931—1932 年的卡塞尔爵士游学奖学金（Sir Ernest Cassel Traveling Scholarship）。那一年，科斯必须在普兰特的指导下工作，被伦敦经济学院认为是在校学习。至此，科斯就如过河卒子般在成为经济学者的路上勇往直前，他认为这是冥冥之中似有定数的安排，非人力所能左右，让他与成为编篮工人、历史学者、化学家、企业经理人或律师擦身而过。

修完商学的课程后，科斯对会计学、统计学以及法律已有一些了解。虽然他在伦敦经济学院未曾正式选读经济学课程，但他对经济学还是有了一些认识。他参与普兰特的研讨班颇有收获，而且也和同样选修产业组的朋友福勒（Ronald Fowler，1910—1997）一起讨论经济问题。当时的伦敦经济学院规模不大，他认识了一批专攻经济学的同学，彼此相互讨论，科斯特别指出维拉·史密斯（Vera Smith，1912—1976）、勒纳（Abba Levner，1903—1982）、埃德尔伯格（Victor Edelberg）等人。科斯回忆说，像他这样未曾受过正式训练而踏入经济学的世界，事实证明反而占了便宜，由于未经正式的思考训练，让科斯在处理经济问题时有了更大的自由度。

初次赴美游学一年

科斯打算用卡塞尔爵士游学奖学金前往美国，研究产业的垂直整合与水平整合。虽然普兰特曾在他的课程中讨论产业界种种不同的组织，但它们却缺乏一套理论来解释为什么会有那些差异存在，于是科斯决定去发掘潜藏在其中的理论。在科斯的脑海中，还有两个问题和这项主要研究计划有关。普兰特在课堂上谈到经济体系是靠价格体系来协调运作的，同时也批评政府产业合理化的计划，特别是协调各种不同运输工具的计划。

不过，普兰特在讲企业管理的课堂上又提出，管理是在协调厂商内部的生产因素。该如何调和这两种有差异的观点呢？科斯质疑说，假如所有必要的协调都已由市场提供，为何还需要管理？此外，科斯还有一个本质相同的疑惑，那就是苏联在 1917 年发生革命，但我们对其共产体系如何运作却所知有限。其实，苏联的第一个五年计划是到 1928 年才实行的，列宁这样说过："在共产主义下，整个经济体系将会以类似一个大型工厂的方式来运作。"虽然有些西方的经济学者认为这不可能，但在西方世界却有不少大工厂，那为什么苏联的经济就不能像一个大型工厂来运作呢？

科斯带着这些疑问来到美国，他拜访了托马斯（Norman Thomas，1884—1968），走访了福特汽车公司和通用汽车公司，并且访问了一些大学，还到芝加哥大学经济学系旁听奈特这位芝加哥学派掌门人的课。科斯的主要任务是研究其专业以及访问企业和工厂，他和每位他拜话的人士交换意见，阅读相关的产业期刊以及美国联邦贸易委员会（Federal Trade Commission）的报告。游学美国一年结束之际，科斯对于产业组织的许多问题仍然只是一知半解，但他相信针对部分疑问已找到了答案。

科斯觉得，经济学家在谈到经济体系的运作时总认为它是经由价格机制（或市场）来协调的，却忽略了市场运作仍有其成本的事实。由此观点来看，对于市场以外的各种协调机能，不能一概以无效率视之，应该取决于比较其成本和使用市场成本后得出的结果。科斯清楚地知道，以这样的方式看问题可能会影响对中央集权式计划所采取的观点。不过，我们却可借以了解生产要素的使用有时是由厂商通过管理来协调的，有时则是通过市场来协调的，这也正是科斯很感兴趣的课题。一笔交易是在厂家内部完成，还是通过市场来运作，应该比较两者的成本高低，这其实是非常简单浅显的道理。事实上，厂家也都这样做，但科斯却花了一年的时间才搞清楚。即使到今天，或许仍有不少经济学者还不了解这个道理及其重要性。

科斯认为，他在伦敦经济学院学习商学学士课程的最后一年，碰巧遇到了普兰特来伦敦经济学院执教，实在是非常幸运的一件事。而能在次年荣获卡塞尔爵士游学奖学金到美国学习一年，又是另一桩幸运的事，但接下来还有更特殊的际遇。

1932 年，科斯从美国游学结束返回英国，进入就业市场。那一年正是自全球经济萧条以来最差的一年，伦敦经济学院找不到工作的的毕业生比比皆是，但科斯却无此困扰。

故事是这样的：当时，黄麻工业界巨子波那（George Bonar）

捐助经费，贝弗里奇（William Beveridge，1879—1962）爵士和伦敦经济学院其他人士建议在邓迪（Dundee）成立一所经济与商业学校，其主要目的是训练有志投入企业界的学生。最终将该建议付诸实践。该校的高层管理人员在 1931 年已经就位，而其他人员则在 1932 年才确定，正是科斯由美返英、毕业找工作的那一年。虽然科斯的经历并不丰富，但因为主修企业管理，他可能比经济学研究所的大多数毕业生更适合该职位，于是科斯在 1932 年 10 月受聘为邓迪经济暨商业专校的助理讲师。科斯回忆说，要不是该校在 1931 年成立，他还真不知道自己要做些什么，结果是各项事务都配合得刚刚好，而他也就按部就班地逐渐变成经济学者。

初试啼声，锋芒毕露——英国教学生涯

科斯教授的三门课都从 1932 年 10 月份开始，他是如何做到的，他自己都很难想象，倒是另一位助理讲师布莱克（Duncan Black，1908—1991）曾说，科斯来到邓迪的时候，整个脑袋装的都是有关厂商的概念。科斯开的一门课是“企业组织”，他在写给好友福勒的信中描述了他在第一堂课上所讲的内容。这些授课素材成为后来《厂商的本质》（*The Natural of the Firm*）这篇文章的主要论点，这篇文章是使科斯荣获 1991 年诺贝尔经济学奖的两篇主要论文之一。他在 1932 年根本没想到这些观念后来会受到那么大的重视。科斯非常喜欢“企业组织”这门课，所以他在给福勒的信中描述了授课内容后便表达了他个人很大的满足感。他是这样写的：“我想，对于这门课来说，我采用的是全新的教法，所以我觉得极为满意。有一点我感到很自豪，这些全是我一个人构想出来的。”这就像科斯在 1991 年诺贝尔奖获奖演说中所说的：“当年我只有 21 岁，阳光从未停止照耀。”

在邓迪任教期间，科斯开始阅读经济学的文献，包括亚当·斯密、巴贝奇（Charles Babbage，1791—1871）、杰文斯（W. S. Jevons，1835—1882）、威克斯蒂德（Philip H. Wicksteed，1844—1927）、奈特等人的著作。

布莱克在《社会科学国际百科全书》（*The International Encyclopedia of the Social Sciences*）中撰写科斯生平介绍，形容科斯在这段时期的态度“坚定得令人惊讶”。布莱克写道：“他心目中的

经济学，不但要处理真实世界的问题，而且手法还要精确。大部分的经济学者如果能够达到这两个目标中的一个，就感到非常满意了。我发现科斯在经济学研究上的突出之处，就是同时达到了这两个目标。”科斯回应说，不管他是否真的成功，布莱克确实说中了他在经济学研究中一贯的目标。科斯把这一切归于他并非一开始就主修经济学，而是先接受商学教育，因此他在展开经济学研究时是寄望于以此来了解真实世界发生的事情。

1933 年，张伯伦（Edward H. Chamberlin，1899—1967）的《垄断竞争理论》（*The Theory of Monopolistic Competition*）和罗宾逊夫人（Joan Violet Robinson，1903—1983）的《不完全竞争经济学》（*The Economics of Imperfect Competition*）两部名著相继出版，这在经济学界激起了相当大的波澜，科斯和其他人一样卷入其中。当时仍在邓迪的科斯写了一篇论文，采用罗宾逊夫人的分析法来检验张伯伦所讨论的问题，文章于 1935 年发表。不过，较能展现科斯一般态度的应是那个时候他对预期所做的研究。

对预期和资本成本的研究

科斯在邓迪任教期间，放假时会到伦敦经济学院去，大部分的时间都是跟福勒讨论一些经济学的问题，当时的福勒是伦敦经济学院的助理讲师。他俩对一个问题非常感兴趣，那就是许多经济学家相信，生产者在决定生产时，是假定目前的价格与成本在未来会维持在同样的水平。有人提出证明，假如生产者按照这种方式来运作，将会导致价格与产量的波动，这就是卡尔多（Nicholas Kaldor，1908—1986）提出的“蛛网理论”（Cobweb Theorem）。一般认为，蛛网理论的典型例子是英国养猪产业的循环周期。科斯和福勒做了一项统计研究调查，结果一如他俩所猜想的，英国的养猪业人士并没有假设目前的价格会在未来保持不变。当价格高得异常时，猪农预期价格会下跌；而当价格低得离谱时，猪农则预期价格会上涨。在科斯的通信记录中，他曾想过运用在那次研究中所发展的技巧，来探究生产者如何形成在其他方面的预期，而福勒也有类似的想法。当年，科斯深感兴趣的只是具体验证经济学者通常仅以理论方法来处理的概念，科斯之所以会有这种想法，是因为深受芝加哥大学的舒尔茨（Henry Schultz，1893—1938）教授导出的统计需求表的影响。

在预期的研究之外，当时的科斯也开始展开对资本成本的调查研究，探讨厂商的规模对成本高低的影响，但这些研究都没有完成。不过，福勒却完成了一项有关钢铁生产的研究，主题是“废铁与铣铁之间的替代性”，并发表于1937年出版的《经济学季刊》（*The Quarterly Journal of Economics*）。

科斯当时也期望自己未来能投入到类似的数量调查研究中，但该期望未能实现，原因很简单、很清楚。科斯在1934年受聘为利物浦大学（University of Liverpool）的助理讲师，教授银行学和财政学，而这两门课都是他几乎未曾接触过的。更重要的是，1935年，伦敦经济学院聘科斯为经济学助理讲师，主要的工作有三份：一是教独占理论或垄断理论，接替转到剑桥大学的希克斯（John R. Hicks，1904—1985，1972年诺贝尔经济学奖得主之一）；二是协助企业管理系的普兰特教授；三是教授公用事业经济学的课程，这是接替已到南非的巴特森（Batson）。教独占理论的课程对科斯来说并非难事，毕竟已经有罗宾逊夫人的书，而且科斯也写了有关双头垄断（duopoly）理论的文章。1937年，科斯发表了一篇题为《有关独占理论的几点注解》（Notes on the Theory of Monopoly）的文章，其中有些观念就是来自这门课。至于科斯在企管系的工作则相对乏善可陈，他只准备了一些个案资料，并协助教学。

此时，专攻会计学的罗纳德·爱德华兹（Ronald Edwards）也加入了企管系的师资阵营，科斯、福勒以及爱德华兹三人就一起处理会计研究协会（Accounting Research Association）的事务。他们曾深入探究公开的会计报表数字，看看可供经济研究之用的程度究竟如何。他们发现，只要那些数字的计算基础已被使用者充分了解，便可以作为经济研究之用。他们用那些资料出版了一本有关英国钢铁工业的研究报告，资料来自厂商公布的资产负债表。科斯也曾在《会计师》（*The Accountant*）期刊上发表一系列有关成本会计的文章，那些文章曾被多次复印和引用。科斯认为主要原因是，在20世纪30年代，那是当时唯一有系统地介绍机会成本概念的文字，而那也是他在伦敦经济学院授课的内容。

探究公用事业

科斯个人的主要研究就和他所教授的公用事业课程有关，他很快地发现，当时英国人对公用事业的了解几近于零。鉴于此，科斯对自来水、天然气、电力等产业，尤其是邮政与广播事业进行了一系列的历史研究。此外，在今日看来更值得一提的是，1934 年科斯还在邓迪时，撰写了《厂商的本质》一文的草稿，将他 1932 年的授课内容做了系统的陈述。科斯到伦敦经济学院后就把这篇稿子做了一番修改，给《经济学刊》（*Economica*）投稿，并在 1937 年刊登出来。这篇文章当时并未引起注意，科斯说，他记得这期的期刊出版的那一天，在去吃午餐的路上，有两位教授恭喜他，但后来就没有人再提起该文，而系主任罗宾斯（Lionel Robbins，1898—1984）也从没提到过。很显然，该篇重要的文章并不是马上就获得成功的。

以上所提的科斯的工作和研究都是在 1932—1939 年第二次世界大战前的阶段。英国在 1939 年 9 月向德国宣战，第二次世界大战爆发。1940 年，科斯被任命为林业委员会（Forestry Commission）统计处处长，该委员会负责当时英国的木材生产事宜。

1941 年，科斯转到隶属战时内阁办公室（Offices of the War Cabinet）的中央统计办公室（Central Statistical Office），负责军需物资的统计工作，包括枪支、坦克及弹药等项目。直到 1946 年，科斯才返回伦敦经济学院。这段 6 年的公职生涯，科斯认为对他成为经济学者的转化过程没有产生任何作用，若勉强说有作用的话，他觉得恐怕是让他更坚定对经济学的偏好。

当科斯回到伦敦经济学院时，他负责的科目变成经济学原理，是对主流经济学说做传统的解说。1946 年，科斯发表了《相互关联成本和需求下独占厂商的定价》(Monopoly Pricing with Interrelated Costs and Demands)，这是一篇他自认为可以显示出他对经济政策的研究方法和当代大多数经济学者不同之处的文章。

批判边际成本定价

在第二次世界大战即将结束之际，英国的战时内阁办公室经济组的经济学者开始思考英国在战后可能会面临的问题。当时在经济组任职的米德（James Edward Meade，1907—1995，1977 年诺贝尔经济学奖得主之一）和弗莱明（John Fleming）合写了一篇关于国有企业定价政策的论文，主张“边际成本定价”，凯恩斯（J. M. Keynes，1883—1946）当时担任财政部顾问，看到该文大表赞赏，就将它转载到他主编的《经济学杂志》(*The Economic Journal*) 上。科斯和他所在经济组的同事威尔逊（Tom Wilson）却不认同该文的论点，于是科斯在《经济学杂志》上发表了一篇评论短文，并在第二次世界大战后写了一篇《边际成本论战》(The Marginal Cost Controversy，1946)。其实，在米德和弗莱明两人写这篇文章之前，科斯就已经对赞同边际成本定价的论点有些认识，而勒纳也曾在伦敦经济学院极力宣扬边际成本定价的观念，并做了深入解说。科斯就是经由勒纳的观点进行思考，并形成了对边际成本定价的不同看法。

科斯的一贯主张是，如果把边际成本定价法当作一般性的政策，这将会带来许多浪费，同时也会产生收入重分配的效果，而且又可能会产生税收效果，从而在其他地方诱发原先不存在的价格与边际成本间的差距。威尔逊就指出，这样的政策将会导致国有企业取代民间企业，而且会以集中营运取代分散营运。事实上，由于经济学者只致力于正确的边际调控，完全忽略了他们的政策可能产生的副作用，而运用边际成本定价法是学院派经济学者主张的，也是教科书中的标准写法。不过，科斯认为这些人根本就是言不及义，于是他便将他们处理问题的方式称为“黑板经济学”，因为他们所谈论的情况只会出现在教室的黑板上。科斯在当时已晋升为伦敦经济学院经济学高级讲师，主要教授公用事业，他的主要研究范畴是继续对英国公用事业进行历史研究。1950 年，科斯出版了《英国的广播：独占事业的研究》（*British Broadcasting*：*A Study in Monopoly*）这本书，批评英国广播公司的垄断地位，这应是他日后在美国批评联邦通信委员会那篇重要论文的先声，但这本书在当时并未受到重视。

移民美国的岁月

科斯在 1951 年移民美国，原因有两个：一是他对英国的未来缺乏信心；二是科斯喜欢美国的生活，他曾于 1948 年在美国待了一段时间以研究商业广播系统的运作，并对美国经济学者十分仰慕。在老一辈经济学者中，科斯最尊敬的是奈特；在同辈学者中，他最尊崇的是斯蒂格勒（George Stigler，1911—1991，1982 年诺贝尔经济学奖得主），而舒尔茨对他也有影响。

移民美国后，科斯首先到水牛城大学（The State University of New York at Buffalo）执教，当时他是由该校公用事业专家萨姆纳（John Sumner）引荐的，因为萨姆纳曾在第二次世界大战前造访伦敦经济学院而与科斯熟识。科斯在水牛城大学以研究公用事业为主，并度过了其学术生涯中相对沉寂的 7 年。不过，于今看来，对公用事业的研究或许让科斯对于制度如何决定经济结果的方式发展出更为透彻的思考。1958 年，科斯转往弗吉尼亚大学（The University of Virginia）任教。据说，当时校方对科斯和几位对第二次世界大战后的经济学发展发挥相当深远的影响的同事，如沃伦·纳特（Warren Nutter，1923—1979）、布坎南（James Buchanan）和图洛克（Gordon Tullock）的研究方向和研究成果并不满意，却没想到科斯和布坎南分别在 1991 年和 1986 年获得诺贝尔经济学奖。1964 年，科斯受聘为芝加哥大学教授，转往“风城”度过其最辉煌的后半生岁月。

刚到美国时，科斯基于自己曾接触过英国、加拿大以及美国的广播事业，于是决定对广播事业的政治经济体系做深入研究。科斯继续他在伦敦经济学院的研究，他也搜集了相当多的相关资料。1958—1959 年一整年，科斯都在斯坦福大学的行为科学高级研究中心（Center for Advanced Study in the Behavioral Sciences at Stanford）度过，他在那一年写了《联邦通信委员会》（The Federal Communications Commission），这篇发表在《法律与经济学杂志》（*The Journal of Law and Economics*）的论文（1959 年 10 月发表）产生了相当深远的影响。

财产权制度

在该篇文章中，科斯探讨了联邦通信委员会对于分配无线电频段的工作情况，他建议应该销售频段的使用权。这种以价格机制作为配置资源的手段，对经济学家来说，绝非什么新鲜的课题。事实上，这种做法已经由赫泽尔（Leo Herzel，1923—2011）建议用在无线电频段的配置问题上。不过，科斯的文章比较特别的是，还额外探讨了这种权利的性质。无线电频段在使用上的主要问题是相同或临近频率所传送信号之间的干扰。科斯主张，假如赋予使用权明确的定义，同时可以转移使用权，那么原始的权利就无关紧要了，这是因为通过转移及结合将可以达到最佳的结果。因此，科斯就写下：“（使产值最大化的）最终结果与法律（地位）无关。”

这个在科斯看来非常简单而浅显的主张，没想到受到当时与他接触的芝加哥大学的经济学者的质疑。芝加哥大学的这些经济学者甚至认为科斯应该删除这段文字。不过，科斯还是坚持自己的观点，后来在文章发表之后，在《法律与经济学杂志》主编亚伦·戴雷科特（Aaron Director，1901—2004）家中举行的聚会中，科斯说服了芝加哥大学的经济学者，让他们接受他的正确观点，而这些经济学者请他再把想法清楚地写出来，发表在《法律与经济学杂志》上。

科斯由芝加哥大学回弗吉尼亚大学的途中就已构思好，他是以满腔的热情来对待这项任务的。当时的《法律与经济学杂志》在戴雷科特的主编下获得了极高评价，令科斯敬佩有加，它所刊载的论文探讨了企业的实际运作、不同财产权制度的效果和管制系统的运作。科斯说他曾经想过，假如经济学，特别是产业组织这部分要进一步发展，就应该要多多刊登这方面的论文，但当时这种论文很难被正统的经济学术期刊接受，科斯举他那篇有关联邦通信委员会的文章作为例证。

科斯想超越《联邦通信委员会》这篇文章的内容，用更一般化的方法来处理财产权制度的原理。在《联邦通信委员会》一文中，科斯讨论了斯特奇斯与布里奇曼（Sturges V. Bridgman）的案例，他希望能再深入地探讨其他比较麻烦的个案。科斯在伦敦经济学院求学时，对法律个案曾涉猎过。同时，他自学生时代以来长期都有这样一种想法："虽然庇古的《福利经济学》（*The Economics of Welfare*，1920）一书从其所探讨的问题来看是一部伟大著作，但他的经济分析并不是相当扎实的。"科斯在《联邦通信委员会》中曾两度提到庇古的著作，但并未深入讨论其论点，因为该篇论文专注在无线电频段使用的配置问题上。不过，在和芝加哥大学经济精英讨论之后，科斯认清了庇古的分析方法在经济学领域的强势影响，所以科斯就着手直接探讨庇古的分析方法。同时，科斯也希望讨论“交易成本大于零”对于分析的影响，这个问题只在《联邦通信委员会》一文的附注中提到。最终，科斯就将这些目标或主题结合起来，写成了《社会成本的问题》这篇惊天动地的论文。

该文一发表就立即引起了各界的注意，各种赞成或反对的文章纷纷出笼，使该文成为经济学文献上广受讨论的文章之一。该文包括了科斯曾长期思索但一直未执笔写出的观念。科斯清楚明白地表示：“说也凑巧，要不是芝加哥大学的那些经济学者对《联邦通信委员会》的某些内容提出反对意见，恐怕我也不会写《社会成本的问题》，而其中的观念也将继续潜藏在我的脑海深处。”不过，这真的是凑巧吗？还是老天早就安排好了呢？

交易成本大于零

科斯的这篇惊世大作是他在1960年夏天提笔撰写的，地点不是在美国，而是在他最初接触法律报告的伦敦经济学院。在该文中，科斯指出，庇古在看待所谓的“外部性”（externality）问题上犯了错误。他认为，那基本上是一个“相互的”问题，但庇古没有看出这一点（在分析中没有纳入），这使庇古（以及追随他的经济专家）无法发展出一套合适的分析方法。在交易成本为零（这是庇古的分析中隐含的假设）的情况下，庇古的政策建议根本没有必要，因为在这样的情况下，通过双方的协商就可达到最佳的结果。可是，交易成本是不可能等于零的，如果探讨真实世界的情况，就必须以"交易成本大于零"作为前提。假如这样做的话，除非我们清楚了解交易成本以及个案的实际情况，否则就无从主张什么政策建议才最为恰当，而这些相关资料只有通过实证研究才能获得。值得一提的是，科斯所说的实证研究与当前普遍流行应用的计量实证研究有很大差别。

所以，科斯在《社会成本的问题》一文中只是提出了一种研究方法，而不是提供答案。正如科斯在该文中写的："唯有从实务方面来仔细研究市场、厂商及政府如何处理不良效果的问题，才能对政策有较令人满意的看法……我深信经济学者以及政策制定者通常都会高估政府管制可能带来的利益。纵然我这个看法获得证实，也只不过显示我们应该进一步控制政府的管制力度，我们还是无法指出界限应该在何处。我总认为，我们应该对以不同方法来处理问题所产生的实际结果做仔细的探索，才能知道界限所在。"

当《社会成本的问题》一文发表一两年后，科斯接到了芝加哥大学的聘书。自1964年起，他就长期任教于芝加哥大学法学院。科斯之所以答应前往芝加哥大学，有一个原因是他要负责《法律与经济学杂志》的编辑工作，而他对这个期刊及其刊载的论文非常欣赏，也希望能够接续该刊的编务，因而欣然来到芝加哥大学任职。

科斯非常喜欢这项编辑工作，凭借着芝加哥大学法学院在法律与经济学方面的资源，再加上提供在期刊上刊登稿件的机会，科斯得以鼓励经济学者和法律学者进行《社会成本的问题》中所倡导的实证研究。在科斯的努力下，许多优秀的论文相继刊出，科斯认为每篇文章都值得重视，并且表示这让他度过了一段非常快乐的时光。20 世纪七八十年代，类似的论文也开始出现在其他的学术期刊上，其中许多都引用了《厂商的本质》以及《社会成本的问题》这两篇文章的部分内容。科斯觉得那个时候正是他把自己有关生产的制度性结构的论著结集出版的时机，所以他在 1988 年出版了《企业、市场与法律》（*The Firm*，*the Market and the Law*）这本书，将他在这方面的主要论文重新付印，也包括一篇介绍他自己中心思想的专文。

另一个影响科斯个人思想演变的事件发生在 1987 年，当时威廉姆森（Oliver Williamson，2009 年诺贝尔经济学奖得主之一）和温特（Sidney Winter）在耶鲁大学举办了一个研讨班，庆祝《厂商的本质》一文发表 50 周年。科斯认为，这是他一生参加过的研讨班中最好的一个。8 个非常杰出的经济学者所发表的论文并不是对《厂商的本质》这篇文章给予褒贬，而是针对该文所提出的议题做深入的检讨，并对文章的内容加以引申与更正（如果他们发现其中有错误时）。在该次研讨班中，科斯共发表了 3 次演讲，分别阐述《厂商的本质》这篇文章的起源、意义及影响。

温故知新

科斯表示，参加研讨班和准备演讲稿对他的个人思想产生了相当大的影响。撰写《社会成本的问题》这篇文章以及在 20 世纪 60 年代和张五常教授所做的后续讨论，让他了解到交易成本对经济运作的广泛影响，但科斯觉得他还未曾系统地评估该问题。威廉姆森在他的论文中提到，《厂商的本质》一文中的理论甚少被应用在实际中，主因在于该文并非具有“操作性”，科斯同意威廉姆森的批评。科斯认为，威廉姆森的看法是，交易成本的概念并没有被纳入一套一般性理论之中，以供人们通过实证研究来验证或发展。不过，科斯认为其实这不是一件容易的事。

科斯表示，一般的经济理论都假设交易成本为零，如果在里头加入对交易成本的考量，将会造成结构全面改变。即使将范围局限在《厂商的本质》中的理论，我们还是会发现，要做到具有操作性，仍有难以克服的障碍。为了生产特定的产出结果，必须协调各种生产因素，而这个协调工作是要由厂商内部的行政程序来完成，还是要由市场的价格机制来完成，乃是取决于两种协调方式的相对成本，而究竟有没有利润就要由绝对数字而定。不过，决定这些绝对成本和相对成本的因素是什么呢？要找出这些因素很不简单，而更困难的问题还在后头。毕竟我们的分析工作不能只局限于单一厂商，而一个厂商的协调成本以及所面对的交易成本受限于其采购投入要素的能力。供应这些要素的厂商的供应能力很大部分取决于其本身的协调成本以及其所面对的交易成本的大小。同样，它们的供应厂商也会受到类似的影响。所以，我们要处理的是一个相互关联的复杂结构。

耶鲁大学的研讨班让科斯重新燃起对《厂商的本质》所提出的各项议题的兴趣。他当时下了决心，一旦手头上已承诺的事项告一段落就要全心投入，期盼能针对影响生产的制度性结构因素找出一套分析的理论。当时，科斯在研究的路上已不再孤独，许多重要的工作已在进行，以求对理论厘清和完善。同时，许多高水平的实证研究也在进行中，这些研究可提供数据资料，以供未来进一步研究之需。有关学者已开始关注需要解释说明的事项，虽然要达到目标需要许多经济学者多年的投入，但科斯深信，他们必定能为生产的制度性结构建立完整的理论。尽管科斯自知在这条路上显然无法全程参与，但他在参与耶鲁大学研讨会的时候已下定决心，将用自己的余生之力从事该项工作。从奥利弗·威廉姆森、哈特（Oliver Hart）和霍姆斯特罗姆（Bengt Holmstrom）这些厂商理论研究者相继在 2009 年、2014 年和 2016 年获得诺贝尔经济学奖看来，科斯期待的很好的成绩已出现，而这些现象于他在世时就已呈现出来，想必他会颇为欣慰！

1991年荣获诺贝尔经济学奖

1991年10月，瑞典诺贝尔奖委员会宣布科斯获得该年诺贝尔经济学奖，这时科斯已退休，是芝加哥大学的名誉退休教授。让科斯获奖的两篇主要文章分别是50多年前发表的《厂商的本质》和30多年前发表的《社会成本的问题》。第一篇在当年发表时备受冷落，第二篇的重要性则在发表时就引发各方争论，但两者可以说都未曾立即获得经济学界的赞同。科斯说，如果这两篇文章的重要性已经得到一致的肯定（他自己不敢确定是否真的如此），那也应该是他得到诺贝尔经济学奖以后的事。

瓦伦（Lars Werin）在斯德哥尔摩的诺贝尔颁奖典礼上代表瑞典皇家科学院介绍科斯时，提到科斯在1937年发表《厂商的本质》，之后又提到科斯“在（科斯的）理论建构上，逐渐添加砖块，而终于在20世纪60年代初期，提出解答所有问题的基本原理”，也就是能解答经济体系中制度性结构的所有问题的原理。科斯认为，瓦伦谈到的最后成果是相当正确的，但说科斯是从一个比较简单的理论开始，然后有计划地逐步添加砖块，一直累积到建立制度性结构理论所需的资料都已齐备才告罢手，那实在是误解了科斯个人思想发展的过程，因为科斯未曾预设目标。

原创性的源头

科斯同意“原创性的观念通常来自初入行的年轻人”这种一

般性说法，因为他就是这样。1932 年，科斯在邓迪的一次演讲中将交易成本的观念导入经济分析，当时的他仅 21 岁，若说经济学是科斯感兴趣的领域，那他当时不过是初入行而已。科斯说，他实在很难理解为何把交易成本纳入经济分析中算是“原创性”构想。科斯觉得，其实任何人都不难发现他初次到美国时所产生的疑惑，而他所提出的解决方案也相当简明。

科斯认为，其他的经济学者之所以未能将交易成本纳入分析，并不是因为他们不够聪明，而是因为他们在研究过程中从未考虑经济的制度性结构问题，因此也就不会接触到令他们感到疑惑的地方。为什么会这样呢？科斯套用德姆塞茨（H. Demsetz）的解释，是因为从亚当·斯密提出经济体系可通过价格机制予以协调的看法之后，自亚当·斯密以来的经济学者都以将这套理论规格化作为主要任务，由此导出了把经济体系的运作视为极端分散的理论。科斯认同这是人类智识发展上的伟大成就，具有其恒久的价值，但以经济学而论，其视野却有偏差，以至忽略了经济体系中一些非常重要的性质。这些背景或许多多少少可以解释何以《厂商的本质》在发表之后并没有引起什么注意。

为什么《社会成本的问题》能在很短的时间内就吸引各方的注意？上文已详细说明科斯撰写该篇文章的特殊背景，就在此氛围下，该文一发表就立刻受到芝加哥大学一群有影响力的经济学者全力支持，科斯特别点名斯蒂格勒。科斯该文的论点是：在交易成本为零的环境下，资源配置与法律如何规定无关。斯蒂格勒将之命名为“科斯定理”，这样一来更加深了各方对该篇文章的印象，许多攻击和保卫科斯定理的文章纷纷涌现。

科斯定理探讨的是交易成本为零的状况，这也对该文受到瞩目有所帮助，因为大部分的经济学者都习惯在交易成本为零的假设下从事分析，尽管这个假设远远地背离了真实世界。科斯表示，大家似乎未发现，科斯定理可以应用到交易成本大于零的真实世界，前提是交易成本不会因法律的规定变动而受重大的影响，而这个前提一般都能成立。科斯感到奇怪的是，他的讨论中未纳入符合真实世界中的大于零的交易成本，似乎使各界对该篇论文的注意力不减反增。科斯认为，另一个引起广泛讨论的原因是他批判了庇古的分析方法，而当时的大部分经济学者都奉庇古的分析方法为圭臬，其实直到目前也还是如此。因此，有许多经济学者替庇古辩护，科斯认为他们其实是在为自己辩护。

另一点和上述纯经济分析没有关系的是，该文探讨财产权制度原理以及法律对经济体系运作的影响，因此扩大了法律的经济分析这一领域，使它不再只局限于反托拉斯政策。该文也引起美国各法学院的法律学者与经济学者的兴趣，进而催生了大量的文献报告，并导致“法律经济学”这门新学科的兴起。

就在种种特殊因素的结合之下，这篇文章迅速取得了成功。不过，科斯表示，如果因而认定一篇文章的论点要被人接受，必须靠一群贤达之士的支持或是能引发争论等等，误会可就大了。以《厂商的本质》为例，这篇文章在发表时并未引起注意，但50多年后却已对许多经济学者的思想产生重大影响，这可以证明，一个观念如果是好观念，即使不像《社会成本的问题》

具备上文所提的那些因素，迟早还是会被人接受的。科斯引用他的老师普兰特的老师坎南（Edwin Cannan，1861—1935）的话作为支撑："错误的观念只能幸存一时，唯有真理才能长存，赢得最后的胜利。"

科斯在 1994 年 4 月 12 日自问："在《厂商的本质》和《社会成本的问题》的分析广受认同后，未来的工作是什么呢？"科斯引用诺贝尔奖委员会的话回答，他已为建立制度性结构的理论提供了砖块，那接下来大家要做的是，找出这些砖块的相互关联性，以建立起这样的理论体系。科斯希望自己能为这方面的工作贡献心力，但他当时就觉得"时不我与"，因为他个人的生命之路已近尾声。不过，科斯认为还有其他优秀的经济学者会继续这项研究工作，一个完整的理论轮廓应该会在不久之后开始浮现。如上文所言，厂商理论和法律经济学迄今已很成熟。

退而不休关怀中国经济改革

回头再谈科斯在1964年到芝加哥大学任教之后的情况。科斯长期任教于芝加哥大学法学院并主编《法律与经济学杂志》，其影响不仅仅限于开拓了法律经济分析这一领域并使《法律与经济学杂志》成为全球法律经济分析引领风骚的学术期刊而已，更是协助芝加哥大学法学院成为法律经济分析的重镇。

芝加哥大学重要的知识产权和法律经济分析学者威廉·兰德斯（William M. Landes）在2009年举行的“市场、厂商与财产权——罗纳德·科斯的研究庆祝会”（Markets，Firms and Property Rights：A Celebration of the Research of Ronald Coase）上发表的论文《衡量科斯的影响》（Measuring Coase's Influence）中，再度指出科斯的著作近50年来被法律经济分析的学术论文引用最多，而且他是影响力最为深远的经济学家。

芝加哥大学法学院几十年来一直是法律经济分析的重镇，数年前还成立了“法律与经济学2.0起始”（Law and Economics Initiative 2.0），进一步加强芝加哥大学法学院在法律的经济分析上的教学和研究，而且在2013年年初获得一笔来自科斯昔日学生桑德尔（Sandor）夫妇的1 000万美元大额捐款，因而成立了“科斯-桑德尔法律和经济学研究所”（Coase-Sandor Institute for Law and Economics）。

大体而言，虽然芝加哥大学法学院在规模上无法与学生和教员人数众多的哈佛大学法学院相比，但芝加哥大学法学院的课程设计和研究取向，却展现出相当浓厚的法律经济分析特色。那些教授不管是否以法律经济分析为研究方向或专攻此领域，其授课和言谈都经常流露出受到法律经济分析影响的思维，或者都有与法律经济分析领域进行对话的意味。1994—1997 年，当时的科斯已 80 多岁，却仍然经常在芝加哥大学法学院的研究室和图书馆出入，也经常出现在各种学术研讨班和研究工作坊的会场上。科斯从来就不是个多话者，但只要他开口发言，必然是以温和缓慢的语调清晰地和师生进行深入的对话和讨论，从来没有一丝傲慢或不耐烦，也从未露出疲态，展现的就是对知识的尊重和热忱，这是芝加哥大学学术传统最为典型的呈现。

芝加哥大学强调跨学科研究，早在 20 世纪 20 年代以前，关于如何将社会科学的知识带入法学教育领域的讨论和努力，在芝加哥大学就不曾间断过。21 世纪初期，任教于芝加哥大学法学院同时又受聘于芝加哥大学其他系如政治学系、经济学系、哲学系的教授，从各种不同的学科角度来分析法学问题和现象的人非常多，这也是传统的特色。事实上，在 20 世纪 30 年代左右，分别任教于芝加哥大学经济学系和法学院的经济学家就开始针对反托拉斯法（antitrust law）和产业管制（industry regulation）的相关问题积极进行研究，从未间断，从而形成了产业经济学的芝加哥学派。

自 20 世纪 30 年代末期起，芝加哥大学法学院进行课程改革，开设了一系列包括经济学和会计学在内的课程，并且任命原来在经济学系任教的西蒙斯（Henry Calvert Simons，1899—

1946）担任芝加哥大学法学院有史以来的第一位经济学教授，开设针对公共政策进行经济分析的课程，此种做法是当时美国法学教育的创举，也奠定了芝加哥大学法学院走向法律经济分析发展的基础。之后，西蒙斯将亚伦·戴雷科特从经济学系引荐到芝加哥大学法学院，从1946年起让他开始在法学院教授价格理论课程，并且和爱德华·列维（Edward Levi，1911—2000）合开反托拉斯法的课程，因而造就出美国法学界第一批因法律经济分析研究而知名的学者，如罗伯特·伯克（Robert Bork，1927—2012）、亨利·曼尼（Henry Manne，1928—2015）和肯内斯·达姆（Kenneth Dam）等人。

1958年，斯蒂格勒也离开哥伦比亚大学进入芝加哥大学法学院任教，也就在这一年，戴雷科特奉命创办了《法律与经济学杂志》，在该期刊创刊号所收录的论文中就包括了诺贝尔经济学奖得主的两篇论文，分别是贝克尔（Gary Becker，1930—2014，1992年诺贝尔经济学奖得主）的《竞争与民主》（Competition and Democracy）和斯蒂格勒的《规模经济》（Economies of Scale）。该学术期刊的诞生，无疑宣告了经济学正式进入法学研究领域。

在《法律与经济学杂志》诞生的同时，芝加哥大学法学院的"法律与经济学工作坊"（Law and Economics Workshop）也成立了，这是一个每周固定开办的研究工作坊，是芝加哥大学法学院保留至今的传统，其方式基本上由教授主导，但向师生开放让其共同参与，其主要目的是将法律经济分析领域的最新研究结果公开发表以供讨论和批判。科斯是最好的例子，他分析批评当时美国联邦通信委员会频率分配制度的论文《联邦通信委员会》，虽然这篇论文在 1959 年就已被发表在《法律与经济学杂志》上，但正如上文所言，科斯在 1960 年受邀到芝加哥大学戴雷科特家接受 20 位芝加哥大学顶尖经济学者的诘问，之后发表《社会成本的问题》时，正是在这个工作坊开办不久之际，也是科斯和芝加哥大学结下终身不解之缘的开始。

科斯在 1964 年转赴芝加哥大学继续其学术生涯，除了是因为以发展出一个以法律分析为主轴的长期研究计划为目标外，对他来说最大的吸引力就是《法律与经济学杂志》。科斯在 1964 年从戴雷科特手中接下该期刊的编务工作，直到科斯 1982 年从芝加哥大学法律学院退休为止，主编该期刊长达 19 年，对于法律经济分析领域的开拓发挥了难以估计的影响力和贡献。科斯对于《法律与经济学杂志》的深厚感情，不只在于其尝试利用这份学术期刊所刊登的论文来改变人们的观点，更在于这份学术期刊的确也达到了改变人们既定的观念和想法的目的。同时，科斯定理通过“交易成本”这个核心概念将法律制度的安排和资源配置效率两者结合在一起，等于是为经济学理论和方法适用于法律问题和现象的研究指出相当明确的方向。科斯定理从面世开始不仅对美国法学教育和法学研究影响深远，也对全球各地的法学界和制度经济学界有着难以言喻的引导作用，这也就难怪科斯会有“法律经济学创始者”之称谓。事实上，终其一生，科斯一直不断地建议和劝导他的经济学同人，应该跳脱“黑板经济学”的既有窠臼，尝试将经济学转化为与真实世界能够彻底联结起来的“真正的社会科学”。

科斯对于芝加哥大学法学院在法律经济学研究领域不断开拓研究议题和取向的贡献，以及他丝毫不保留的批判精神对于芝加哥大学法学院学术风气的影响，应该可以说正是在将经济学转化为能够和真实世界彻底联结起来的“真正的社会科学”的这个过程中最为典型的实践范例。

科斯虽在1982年72岁时就从芝加哥大学退休，但仍以名誉教授活跃于芝加哥大学校园。如上文所言，在研讨班和工作坊的会议中都有科斯的身影，这可见他仍坚持做学术研究并关心真实世界，即便甚少写作。但在2012年102岁高龄时，他还和当了其15年助手的学生王宁合著出版了《变革中国：市场经济的中国之路》这本书，检视中国过去30多年的改革开放取得的变化和成果。他们以古往今来的历史经验为例，强调目前的中国经济在结构上所面临的主要问题。我们在下面的章节（介绍科斯的思想和学术贡献时）再来较详细地介绍这本书。此处值得一提的是，受科斯影响甚大的张五常教授，早在1981年就应英国邀请写了一本类似的对中国变革表示疑问的小书，用的研究方法正是科斯的“交易成本”理论，没想到31年之后，科斯也写了《变革中国：市场经济的中国之路》，这本书似乎为张五常提供了解答。实情如何，下文再进行分解。

就在《变革中国：市场经济的中国之路》出版的次年，即2013年的9月2日，芝加哥大学法学院在其网站上发布了一份新闻稿，宣布1991年诺贝尔经济学奖得主科斯当日在芝加哥辞世的消息。科斯享年 103 岁，以如此高龄离世虽不特别令人感到惊讶，但在真实世界的交易成本越来越高的当下，还是让人感到惋惜和遗憾!

第二章

张五常眼中的科斯

以我之见，一个明显的定论是，科斯的名字总有一天会写进中国的史册；但我不确定的是，其中的原因有没有他对中国改革的贡献——思想贡献永远是问号。我确定科斯会名留中国青史的原因是，他对中国衷心的爱和对中国人的真诚关怀。很多中国的青年学者都知道科斯，他的名字在今天已变得有口皆碑了。中国将来的历史是由这些青年学者和他们的子子孙孙写出来的。

上一章主要以科斯在 1994 年 4 月 12 日应美国德州圣安东尼奥的三一大学（Trinity University）之邀，讲述“我成为经济学者的演化之路”来记述科斯，是科斯本人主观的描述。本章则拟借张五常这位和科斯亦师亦友，熟知科斯，受科斯之托代科斯上台发表诺贝尔奖受奖感言，且以科斯的名字“罗纳德”为自己的儿子命名的产权名家的文章，来客观地认识科斯。那是张五常在 1990—1991 年香港《壹周刊》杂志专栏上一连 9 篇的《我所知道的高斯》，“高斯”是香港人的 Coase 中译名，一般也译为“科斯”，本书则以“科斯”为译名。最后，再补上 2013 年 9 月 10 日张五常发表的悼念文。

初识科斯

话说 1961 年秋天，张五常刚进美国洛杉矶加州大学（UCLA）的经济学研究所就读，他碰到这样难忘的一件奇事：一位经济学系老师退休，把他的旧书和期刊放在经济学系办公室“拍卖”，现场没有人负责，每本刊物或书本都夹着一张纸，请有意购买者将自己的姓名及愿意出的价钱写在纸上，价高者购得。自己心中的价格低于纸上别人的出价，当然就知难而退不用出价了。

张五常和许多同学都很好奇，也都去看看每本书、刊物的出价如何及多少人出价。有些不见经传之作乏人问津，也有一些书被人出价“几毛钱”。名著如凯恩斯的《就业、利息和货币通论》(*The General Theory of Employment*，*Interest and Money*，以下简称《通论》)、马歇尔（Alfred Marshall，1842—1924）的《经济学原理》(*Principles of Economics*)、费雪（Irving Fisher，1867—1947）的《利息理论》(*The Theory of Interest*) 等都有好几位出价者，而且价格都不低。不过，最受到瞩目的是一本 1958 年新出版的期刊《法律与经济学杂志》，那是芝加哥大学法律学院出版的刊物，该刊物于 1958 年创刊，每年只出一期，每期只印 500 本。

那本被拿来拍卖的创刊号《法律与经济学杂志》很残破，显然被不少人翻阅过。一般来说，旧期刊根本就不值钱，但这本残破的旧期刊竟然有 20 多人出价，原价为 2 美元，而张五常却要出价 25 美元才能买到，这在当时是个很大的数字。当张五常得标后，掏出 25 美元交给经济学系的女职员时，该女职员好奇地望着张五常说："我们办公室的人都等待着，很想看看哪位好汉赢得这本残破的期刊。"

这件事显示出，早在 1961 年，洛杉矶加州大学的经济研究生就懂得抢购这本后来具有革命性影响力的期刊，而当时却没有几所大学曾听过该期刊的名字。

张五常讲述该期刊创始的原委：1976 年诺贝尔经济学奖得主弗里德曼（Milton Friedman，1912—2006）的太太罗斯（Rose）的哥哥亚伦·戴雷科特是芝加哥大学经济学的主要思想家，其智力与思想深度绝不在弗里德曼之下，但戴雷科特只有一个哲学的学士学位，绝少发表文章，在芝加哥大学的法律系任教，教的是经济学。与戴雷科特熟识的高手学者，不论是法律系的还是经济系的，都对他佩服得五体投地。只不过戴雷科特不但不著书立说，也不喜欢教书，只喜欢阅读，平时沉默寡言，但一开金口说话，旁边的人都会静下来仔细倾听，生怕丢了宝似的。

张五常感叹说，世界上只有最高级的学府才能容纳像戴雷科特这样的人，如果在香港大学，他连助理教员的职位也不可能得到，更不用说讲师了。不过，当时戴雷科特在芝加哥大学，既不写文章也不愿意教书，同事们却得找些适当的工作给他做。法律学院的院长于是想到了创办一本法律与经济合并的学术期刊，请戴雷科特当主编。可是戴雷科特对这项工作也不感兴趣，他认为一般的学术文章都不值得发表，而一本刊物要靠学校津贴资助，没有市场需求，是浪费资源，不办也罢。还好的是，戴雷科特觉得自己除了一天到晚在思想上下功夫，对校方却没有什么可计量的具体贡献，也就不好意思推卸这项主编学术期刊的任务了。

戴雷科特办期刊的作风独树一帜，成为佳话。他很少约稿，也从不催稿，更永不赶印，也绝不宣传。每年只出一期的刊物，今年应出版的往往迟至下一年才出刊，但1958年年底所出的第一期，10篇文章篇篇精彩，识者无不拍案叫绝。由于只印数百本，内容很专、很深入，只有对真实世界有兴趣的人才会重视，所以知道的人并不多，订阅者更少。要不是阿尔钦（Armen Albert Alchian，1914—2013）等人在张五常进入加州大学研究所之前对该期刊赞不绝口，张五常不可能会常常听到该期刊的名字。

张五常接着写道，科斯曾在英国伦敦经济学院任教，也是在那里得到学士学位的。学士毕业的前一年只有20岁，科斯获得一项奖学金，到美国游学，路经芝加哥大学时，曾走进奈特的课堂听了一些课，若有所悟。返英之后写了一篇名为《厂商的本质》的文章，但这篇文章等到6年之后的1937年才被发表。这篇文章很有名，但其发挥的巨大影响力，却是到文章发表之后40年才出现。张五常赞叹说，一个21岁的青年，竟然可以写出一篇40多年后在经济学上具有革命性的文章，真可说奇哉怪也！

科斯拿到学士学位后，曾先后在两所英国大学任教，1935年转回伦敦经济学院，1946年发表过一篇颇为重要的文章。1951年，科斯要到美国谋生，没有博士学位不好办，他于是用几篇文章申请，获得了伦敦大学的名誉博士学位。亚伦·戴雷科特曾在英国与科斯有一面之缘，就帮科斯写了一封介绍信，而认识戴雷科特的人无不重视他的意见，于是，科斯于 1951 年抵美后就顺利地在水牛城大学任教，1958 年再转到弗吉尼亚大学。这一切都没什么特别之处，也就是说，那个时候科斯的学术生涯显得平淡无奇。

崭露头角一炮而红

1958年年底，戴雷科特的《法律与经济学杂志》出版了，阿尔钦在洛杉矶加州大学读了该杂志之后，向人极力推荐，从此影响了张五常的后半生。刚到弗吉尼亚大学任职的科斯拿起该期刊一看，觉得很有意思，便在1959年寄给戴雷科特一篇长文，题目是《联邦通信委员会》。戴雷科特一读来文，惊为“天文”，就将它作为1959年那期的第一篇文章刊登，出版时已是1960年。张五常直到1962年才有机会读到此文，立即佩服得五体投地。直到今天，张五常仍然认为那么好的经济论文是绝无仅有的。

有趣的是，《联邦通信委员会》的发表并不容易，即使戴雷科特认为它是天才之作，但当时芝加哥大学的经济学高手都说科斯的看法错了，若不修改就不应刊登。戴雷科特将所有的反对观点都转达给科斯，但科斯坚持己见，不认为自己是错的，也就是“死不认错”，坚持不改。这样的书信往返了很多次，最后科斯回信说：“就算是我错好了，你也不能否定我错得很有趣味，那你就应该照登吧！”戴雷科特回信说：“我照登是可以，但你必须答应在发表之后，到芝加哥大学来做一次演讲，给那些反对者一个机会，亲自表达他们的反对观点。”科斯回说：“演讲是不必了，但假若你能选出几位朋友，大家坐下来谈，我很乐意赴会。”戴雷科特顺了科斯之意，着手安排聚会。

在1960年春天的一个晚上，戴雷科特邀请了弗里德曼、斯蒂格勒、哈伯格（A. C. Harberger，福利经济学的首要人物）、贝利（M. Bailey，理论高手）、卡塞尔（R. Kessel，20 世纪五六十年代的经济学天才，医学经济学的创始者）、麦基（J. M. McGee，专利权理论的要角）、刘易斯（G. L. Lewis，劳动经济学的重要人物）以及明兹（L. Mints，劳动经济理论高手）等各路高手，加上戴雷科特和科斯，共有 21 人之多。张五常说，经济学的讨论从来没有那么多的高手云集。

张五常认为那是经济学历史上最有名的辩论聚会。地点就在戴雷科特的家，由他请客吃晚饭，饭后大家坐下来，科斯问："假若一间工厂，因生产而污染了邻居的居住环境，政府应不应该对工厂加以约束，以课税或其他办法使工厂减少污染呢？"所有在座者都认为政府应干预，但科斯说："错了！"接着就进行两个小时的辩论，结果是大家一致同意科斯的论点。

多年之后，当时的参与者各有不同的观点，斯蒂格勒对张五常说："那天的辩论没有用录音机录下来是日后经济史上的一大损失。争议到半途，弗里德曼突然站起来，舌战如开枪般乱扫，枪弹横飞之后，所有人都倒下了，仍然站着的只有科斯一个人。"卡塞尔对张五常说："经过那一个晚上之后，我知道科斯是 20 世纪对经济制度认识得最深入的人。"麦基则对张五常说："当夜是英国的光荣。一个英国人单枪匹马，战胜了整个芝加哥经济学派。当夜深人静，我们离开戴雷科特的家时，互相对望，难以置信地自言自语说，我们刚才是在为历史做见证。"

科斯本人又是如何呢？张五常说，科斯差不多被那个奇异的辩论吓破了胆。科斯跟张五常说："当夜我坚持己见，因为怎样也不曾想到我可能会错，但眼见那么多高手反对，我就不敢肯定了。到弗里德曼半途杀出，他的分析清楚明白，我才知道自己可以高枕无忧了！”

张五常感性地说：“是的，芝加哥学派之所以成为芝加哥学派，说到底，不是因为外界所说的，那些学者反对政府干预或支持自由市场，而是因为历久以来，那里有一些顶尖的思想人物，对真实世界深感兴趣，他们客观地要多知道一点。芝加哥学派在那一夜之前早已闻名天下，但那天晚上，辩论开始时，反对科斯的人都是赞成政府干预污染的。科斯反对政府干预污染胜了一仗，然而，他却是由赞成政府干预的伦敦经济学派培养出来的！”那天晚上的大辩论，几乎传遍了经济学界。那么，他们辩论的是什么呢？

初试啼声的《联邦通信委员会》

“联邦通信委员会”这个毫不起眼的论文题目，引起了 20 多位顶尖高手的大论辩，也促成了经济学上有名的“科斯定理”，而此定理使全世界开始明白财产权的重要性，从而改变了下一代的民生。这样的说法或许夸张了些，但的确有越来越多的经济学者是这么认为的。

科斯的《联邦通信委员会》一文，其实是日积月累的成果。科斯自 1937 年发表了《厂商的本质》之后，研究的兴趣就都集中在专利或独占权上，他特别感兴趣的是由政府创立或保护的专利权。在英国任教时，科斯考察过邮政、广播等行业。他的调查一向都很详尽、很细心。提不起劲去读科斯文章的人，会觉得沉闷，没有新意，但为自己的好奇心而读的人，就会觉得他学富五车，是多个行业的专家。若读者不惮其详，细心地读，就会发现科斯的文章在几页之中往往就有一两句很有创见、令人耳目一新的话。

1951 年，科斯在移民美国后，其兴趣还是在政府创立的专利权上。既然科斯曾研究过英国的广播专利权，到了美国也很自然地一头钻进了对美国的广播专利权的研究中。在美国，所有的传播媒体，举凡广播电台、电视台、电话、刊物等，都是由一家权力极大的政府机构管辖的，这个机构就是联邦通信委员会，科斯理所当然地对此机构进行考查。没有人会想到，就连科斯本人也不会想到，这一考查改变了 20 世纪的经济学。

科斯对联邦通信委员会的首要问题是，这个机构的庞大权力是如何得来的？科斯追查历史，得到了很清楚的答案。那就是，在 20 世纪初期，美国东岸的渔民驾船出海捕鱼，一去就是很多天，家里的人与他们联络，一般是报平安，最重要的是通知渔船飓风即将来到，这都是要靠收音机的。如果两艘渔船或多艘渔船同时使用同一个收音频率与岸上的家人对话，那么声音就会在空中乱搭一通，弄得乱七八糟。

更有甚者，有些搞怪、居心不良者，还会乱用频率，向渔船广播错误的天气讯息。这样的情况当然不能放任下去，于是就由政府出面进行管制，这就是联邦通信委员会出现的缘由。美国联邦通信委员会起先是个很小的委员会，于 1927 年设立，用来管制播音频率的使用，有系统地控制收音混淆的情况。有了这个成功的开始，小小的委员会逐渐扩大，权力也扩张，从 1934 年开始扩展到美国所有的传播媒体及通信等方方面面。

这种看起来是非常顺理成章的政府管理事务，科斯却不以为然，认为是多此一举。他认为“收音”在空中弄得一塌糊涂，是因为频率没有明确的、清楚的权利界定。频率若没有得到管辖，谁都可以任意使用，岂有不乱之理？如果每个频率都被界定为私产，那么越权侵犯者就会被起诉。若所有的频率都成为私产，没有频率“在手”而又要使用的，可以向频率拥有者租用，那么市场就可发挥作用，显现威力。经由市场运作，就可将空中频率乱搭的混淆“整理”得清清楚楚，价高者得到的方式，可使频率的使用转到愿出高价者的“手上”去。

张五常指出，在《联邦通信委员会》一文中，科斯写了一句当时很少有人注意，但其实是石破天惊的话："清楚的权利界定是市场交易的先决条件。"这也就是往后举世闻名的"科斯定理"之简单白话。张五常提醒说，不要以为这句话很肤浅，即使到今天，有好些经济学博士还是对它不甚了解。

张五常说："是的，产权的问题在经济学上早有悠久的历史，但从来不受重视，而说到不同经济制度的著作，在科斯之前很少是以产权的不同为核心的。自古以来，在法律上，产权的讨论大都是以地产（不动产）为主题，牛羊等'可动产'次之，科斯奇峰突出，以看不见、摸不着的广播频率来讨论产权，引人入胜，这触发了经济学者的想象力，而频率的混淆是侵犯产权的结果，因而很自然地就带到污染问题上去。'污染是产权混淆的问题'这一观点使我们能从一个新的角度去看待世事。"

《社会成本的问题》的诞生

张五常觉得，芝加哥大学的众多高手，当年反对科斯在《联邦通信委员会》一文中的观点，倒不是因为科斯认为把广播的频率私产化就可以解决问题。虽然他们以前可能没想到看不见、摸不着的广播频率也可以界定为私产，但私产有起死回生之力，芝加哥学派学者怎会不知道。他们对科斯文章的质疑，是因为科斯把频率公用的混淆一般化，衍生到他们认为政府必须干预的例子上去。

科斯认为，频率公用的混淆效果与任何资产公用的效果相同。科斯说："一块地用来种植，同时又用来停车，其效果与频率乱搭是同样的一塌糊涂。"于是，科斯指出："停车的人损害了种植者，要前者赔偿后者可能是错的。如果为了种植而不许停车，那么种植者岂不也损害了停车者？那么种植者是否要赔偿停车者的损失呢？工厂污染了邻居的居住环境，要工厂赔偿给邻居吗？还是邻居要赔偿给工厂，请工厂减少污染？"科斯认为，说不定工厂污染越厉害，对社会的贡献越大呢！

科斯对这种类似"使用者付费"的看法并不以为然，但科斯的论点，不要说在20世纪50年代很难被人接受，即便在21世纪的今日，也还是不容易让一般人认同，甚至经济学者也不认同。在20世纪50年代，所有的经济学者都同意，"损人者"需要受到约束，但万万没想到，损人者被约束就是被"受损者"损害了，所以受损者也可能应该要被约束。张五常惊叹说："科学的进展是那么奇妙！一个在原则上相同但在性质上不同的例子，可以使分析者从一个新的角度看同样的问题。这个新角度可能引领我们进入一个新天地，以至后来整个科学观念都改变了。”

科斯在当时可说鸿运当头，他为了追寻联邦通信委员会的起源而一脚踩中了千载难逢的例子：一个公用的广播频率使大家的收音混淆不清，是谁损害了谁？答案很明显是：你损害了我，我也损害了你。要约束哪一方呢？答案是：任何一方都行。应该是谁赔偿给谁呢？答案是：要看谁有使用的界定权利。认为停车者或污染者是损人而不是被损实在是失之毫厘，谬以千里矣！

在戴雷科特家中的大辩论，让所有参与者都恍然大悟：既然广播频率相互干扰是产权问题，那么污染也是产权的问题了。工厂是否有权污染邻居，邻居是否有权不受污染，权利属于谁不重要，重要的是要有“业主”，要有清楚的权利界定，一旦清楚地界定了，是工厂的也好，是邻居的也好，污染的“多少”就可用市场的交易来解决。不管权利属于谁，只要被界定了，在市场的运作下，其污染的程度都是一样的。“科斯定理”就是这么的简单。

科斯跟张五常说，他那天深夜在离开戴雷科特家时，已经胸有成竹。回到弗吉尼亚大学之后，他答应戴雷科特给《法律与经济学杂志》写一篇那天晚上他所做的澄清与分析的文章，该篇题目为“社会成本的问题”之作可以说是石破天惊，是 20 世纪被引用次数最多的经济学作品。该篇文章很长，文中提到许多不同而又类似的实际例子，反映出科斯的学问之渊博，该文被戴雷科特排在 1960 年那一期的第一篇文章，出版时已是 1961 年了。

根据科斯的回忆，由于要赶上1960年的那一期《法律与经济学杂志》，时间非常紧迫，他写好一节后，就先将该节寄给戴雷科特，之所以一节一节地寄，是希望戴雷科特有充裕时间编排。不过，这样的分节写、寄，节与节之间的连贯性较弱，但每节较一般文章的章节却因而有较大的“独立性”。科斯一直到寄出结论那一节时才知道，戴雷科特对他写稿时的赶、赶、赶，根本漠不关心。戴雷科特认为，好文章通常要多花时间写，不需要急着写。假使科斯的稿子延迟几年才写完，戴雷科特也会一直等下去。像这种编辑，在市场上一定早就被解雇了，但从学术的高度及态度的认真来说，戴雷科特却是前所未有的编辑呢！

在20世纪60年代，《法律与经济学杂志》是有稿酬的，张五常曾经问戴雷科特，科斯的《社会成本的问题》一文的稿酬有多少。戴雷科特喟然兴叹说：“那时校方明文规定，不管文章高下，每页稿酬相同。假如我有权按文章的重要性来发稿酬，我会将全部可用的稿酬通通给他！”1960年那期的《法律与经济学杂志》只印500本，后来该期的需求量每年激增，又重印了好几次，10多年后还在重印呢！世界上似乎没有哪一本杂志或期刊有过这样的情况。

张五常最能领悟科斯的思想

许多经济学者都知道，科斯曾不断地表示，读者不明白他的文章。吊诡的是，一般读者却认为科斯的文字好得出奇，明朗至极。已故的约翰逊（Harry Johnson，1923—1977）是能将文字操纵自如的大师，他曾经跟张五常说，科斯是百年难见的文字高手。那么，为什么科斯认为别人看不懂他的文章？张五常觉得科斯并非过于敏感，而是科斯的思想深不可测，明朗的文章读起来似浅实深，使很多不真正明白其意的人以为自己明白了。

张五常说他自己是1962年起才细读科斯的《社会成本的问题》这篇论文，一次又一次地读了3年，期间每读一遍后都静静地思索，思索后又再读。后来张五常在写《佃农理论》博士论文时，没有引用科斯这篇大作，因为执笔时没想到自己的理论与科斯定理有什么关系。若干年后，约翰逊、西尔伯贝（E. Silberberg）、沃尔特斯（A. Walters）等人在他们的书中介绍科斯定理时，都不约而同地以张五常的佃农理论作为科斯定理的应用典范。张五常于是领悟到，“有时影响越深，受影响的人反而越不知情”。

1967年秋天，张五常到芝加哥大学任职，对他来说，拜访科斯是最重要的事。那时戴雷科特要退休，《法律与经济学杂志》就交棒给科斯来主编，这也是科斯答应到芝加哥大学任教的主因，而科斯是在1964年转到芝加哥大学的。1967年秋季一开学，张五常就到芝加哥大学法律学院去找科斯，之前两人未曾见过面。张五常战战兢兢地走进科斯的办公室，自我介绍说：“我是史蒂芬（Steven），阿尔钦的学生，曾经花过3年的时间阅读你的《社会成本的问题》。”张五常说，他这段话已经准备很久了。

说了这些话之后，张五常才打量科斯，只见科斯头发斑白、服装老旧，他戴着眼镜，“正襟危坐”于桌前阅读。研究室内的书籍很多，一套一套地放得很整齐。科斯听完张五常说的话后，好奇地抬起头来，问：“我那篇文章是说什么的呀？”张五常一时语塞，心里想，那么长的文章，从何说起？过了一阵，张五常还是勉强地答了一句：“你那篇文章是说合约的局限条件。”科斯立刻站起来，高兴地说：“终于有人明白我了！你吃过午餐没有，我们不如一起吃吧！”

就这样，科斯和张五常成了好朋友，两年后，在张五常离开芝加哥大学，转到西雅图的华盛顿大学任教时，他不时就接到一些不相识的经济学者的长途电话或来信，说科斯要他们问张五常，关于科斯某篇文章如何解释。张五常回香港任教后（1988年左右），一位美国教授途经香港，告诉了张五常这样一个故事：科斯曾到他们的大学演讲，听众济济一堂。科斯在演讲中直白地说，引用他的思想的人都引用得不对。到了发问时间，一位听者问道：“当今之世，有没有一个引用你的思想的人是引用对了的？”科斯回答：“只有张五常。”

这个故事在美国传了开来，这让张五常受宠若惊。然而，张五常自己认为这惊喜得来不易。因为他不只花了3年工夫读科斯的一篇文章，而且在芝加哥大学两年间，他和科斯在校园漫步时，科斯不断和他细说其思想的根源。张五常和科斯虽无师生之名，却有地道的师生之实。外间误以为张五常是科斯的学生，科斯从不否认，张五常也从不否认。

张五常对于拜师或拜友求学时所要求的东西有点与众不同。从传统的教与学那方面看，张五常是个不受教的人。假若一位老师转述某一篇文章，不管他说得如何精彩，张五常的脑子多半会想到其他事情上去。就算老师精辟地批评那篇文章，张五常也会想："文章我自己可以读，读时有自己的观点。"于是，他的脑子又云游去了。张五常自我解嘲说，这样的学生还获得那么多的明师教导，可算是奇迹。

张五常说："是的，我求学的主要兴趣不是求教，而是想知道一些重要的思想是怎样形成的。阿尔钦吸引我，是因为我要知道他那天马行空的思想从何而来。后来我发现他在有了很强的分析能力之后，还能保持着小孩子般的发问本领，那我就跟着他过过瘾，也天马行空起来。我向赫舒拉发（Jack Hirshleifer，1925—2005）所学的是另一套功夫，他的思想只有几个很简单的步骤，要是拜他为师的人能细心地体会，会很容易上手。"

科斯之所以能吸引张五常，另有一个原因。张五常认为科斯是 20 世纪最具创新能力的经济学者，科斯的每个思想，不论是对还是错，总是令人疑惑不知是从哪里钻出来的，张五常于是决定追寻科斯思想的来龙去脉。张五常有两年的时间在芝加哥大学与科斯在一起，每次两人对谈时，张五常都问科斯某个思想的根源及其后的发展，在知道了科斯的思想的发展历史后再去读科斯的文章，所领悟到的东西就大为不同了。科斯之所以会认为张五常是他的衣钵传人，很明显的原因是张五常曾经研究过他思想的来龙去脉，所以张五常在读科斯的文章时，可以知其“龙、脉”而读到文字之外的含义上去。

张五常说：“是的，科斯的文章写得很清楚，但我们如果仅欣赏他明朗的文字，就往往不能进入到他思想的深处。”

科斯只对“真实世界”经济学有兴趣

科斯和张五常在芝加哥大学校园内漫步时，有时连大家上课的时间也会忘记，张五常觉得那是他对芝加哥大学最温馨的回忆。他跟科斯在午餐研讨时，时间似乎过得特别快，转眼几个小时就过去了。

张五常觉得科斯的思想有个很特别的地方，那就是：对任何问题，科斯似乎是先有答案才试做分析的。这与弗里德曼正好相反。当张五常向科斯提出某个观点，科斯就用预感做回应：“你似乎是对了”或“你似乎是错了”。问科斯一个问题，科斯的脑子好像就在空中随意抓一下，拿出一个往往令人莫名其妙的答案来，然后再加以分析。这样纯以预感为先的思考方法，其预感可能会错，但创意的确超凡！张五常说：“当然，一个可取的创见，通常必须通过慎重的分析和逻辑的支持。”

科斯的创见有如神龙见首不见尾。张五常认为科斯有那样的本领，是因为科斯先以预感做了结论，然后再加以分析。与此相反的是张五常在洛杉矶加州大学研究所的另一位老师，即后来变得大名鼎鼎的布鲁纳（Karl Brunner，1916—1989）。布鲁纳才智过人，是逻辑学的高手，他有一个原则：未经慎重的逻辑推理，不应该有任何结论。张五常评断说，从推理的严谨方面看，科斯不及布鲁纳，但若以创见论高下，布鲁纳就远逊于科斯了。

除了创见超人外，张五常认为科斯的脑子还有两样过人之处。其一，科斯在推理时，其一般化的能力很强，任何人提出的任何稍有趣味的论点，他就往往可以立刻举出同类的论点或例子来印证。更有趣的是，假如与他讨论的人举出多个不同的例子来，他就返璞归真，将不同的例子归纳到同一例子上去。科斯曾对张五常说："我这个人不可救药，因为任何人提出任何例子，我都会想到马铃薯那里去！"很明显，推理一般化既要分其异，也要求其同，而科斯的确有这种天赋。

其二，对哪一种思想是重要或不重要，科斯知其然而不管其所以然。德姆塞茨和卡塞尔都曾对张五常说，没有谁能比科斯对一种思想的重要性有更敏感的直觉。张五常曾经问科斯："大家都同意你对思想的重要性很敏锐，但究竟你自己是怎样判断一种思想的重要性呢？"科斯回答说："我从来不做这样的判断，只是觉得一些观点很有趣、很有意思。"张五常认为这是可以相信的答案。没错，科斯的趣味感很强烈，自己感兴趣的，他就立刻很投入地参与研讨，可以夜以继日地花几个月的时间；自己不感兴趣的，他就连听也懒得听。

张五常认为，思想的兴趣所在能刚好与思想的重要性吻合，这样的人是学术上的天之骄子。这好比一个天才导演挑选未入门的演员，不需要以什么准则来衡量，只凭敏锐的感觉挑选，而被他认为是好演员的，将来观众也会有同感。张五常指出，在美国汽车行业的历史上，曾经出现过两个这样的人：他们一看某辆新车的设计就知道将来市场的销路是好还是坏，虽然当初很多行家不同意，但结果却证明他们是对的。

张五常与科斯结交，畅谈经济，他很快就意识到科斯的兴趣所在，因而在倾谈时，张五常往往谈些科斯感兴趣的事，这样两人便谈得很投机。张五常特别强调，他并非有意使科斯开心，而是倘若他对科斯提出科斯认为是“枯燥”的事，科斯会置若罔闻，根本不可能谈得出什么。对科斯来说，经济学分为两类：一种是“黑板”经济学，指的是那些在黑板上推理及求证的；另一种是“真实世界”的经济学，就是那些以现实观察为大前提的。科斯对前者毫无兴趣，而在他感兴趣的真实世界的经济学中，他对那所谓“总体”经济的现象也漠不关心。张五常说，只要他能对科斯提出一个有关货币之外的现象，谈到一点分析，科斯就兴趣盎然，锲而不舍地追问下去。

张五常指出，科斯还有一个怪癖，一方面对传统经济学，譬如马歇尔的经济学很欣赏；但另一方面却认为不少广为接受的传统观念毫无用处！例如：科斯认为“效用”（utility）这个有悠久发展历史的概念，是“空空如也”的那一种，对经济学有负面作用；又例如：经济学上的“均衡”（equilibrium）概念，科斯认为是浪得虚名，半点用处都没有。至于什么“长期”和“短期”的分析划分，科斯更认为是无稽之谈。

能够将这些在传统上根深蒂固的热门概念视如粪土，而还能成为一个大宗师，其独立思考的能力之高，的确是绝无仅有。有趣的是，这些被科斯看得一文不值的概念，几乎都是马歇尔开创出来的，但科斯对马歇尔却推崇备至、视若天人！“不同意，反对其概念，却对其学问尊敬万分”，这是欧美学术上的最佳传统。张五常问说：“不知炎黄子孙有几人能有这样的胸襟？”

在芝加哥大学的论文发表会

在芝加哥大学的两年中，张五常私下里与科斯研讨过的问题，其中一部分是张五常自己的研究内容。那时芝加哥大学出版社已决定出版张五常的《佃农理论》一书。张五常说他从未跟科斯谈到该书中的理论，因为凡是写好了的文章，张五常通常都不愿再谈。不过，由于受了科斯的影响，张五常在该书内补加了一章，是关于合约的选择。本来张五常在论文中已谈到了这个问题，但科斯给了他新的启发，于是张五常决定将几页的讨论增加到数十页，从而成了独立的一章。

既然可以独立成文，张五常就将那篇文章改写，在 1969 年科斯接任主编的《法律与经济学杂志》上发表。该文的题目是“交易成本、风险与合约的选择”。初稿是 1968 年年初在芝加哥大学写成的，在校内传阅了几天后，斯蒂格勒打电话给张五常，简单地说：“你那篇文章很有意思，下个星期四是吉日，那天下午你要到我们的研讨会上来讲述一下。你也可能不用说什么，因为在座的听众到时都会先把你的文章读过。”

芝加哥大学的研讨班被称为“工作坊”，举世闻名，每星期都有 5 个这样的“会”，每个会都有不同的学术范围。其中最著名的是弗里德曼的货币研讨班和斯蒂格勒的工商组织研讨班。弗里德曼的比较特别，他的“工作坊”是“闭关室”（closed shop），因为一个学年内不打算在那里提供一篇文章者就不能参加。斯蒂格勒的却是“开放室”（open shop），任何人都可以参加，但到场之前必须把文章先读过（我在1985年访问芝加哥大学经济学系时也曾参加过）。这些研讨班没有学分，算不上是课程，除芝加哥大学外，没有任何高级学府真正地成功过——长久地有多个热心的参与者，更何况芝加哥大学每星期有5个之多。

这些研讨班从不间断，参加者都必定事前有所准备，而提供文章者可以借此机会而获益良多。斯蒂格勒主持的研讨班以“残忍”闻名！在座的经济学教授与研究生各半，讲者可先进行15分钟的讲话，接着的两个小时，听众就“大开杀戒”，没人会手软。张五常说他曾经见过一位外来的著名学者，在斯蒂格勒的研讨班上被听众杀得片甲不留、面红耳赤，差不多要哭出来。听众中有一位看不过去，就大声对那位外来学者说：“在我们这里，你不能坐以待毙，你要反攻啊！”

话虽如此，能被邀请到斯蒂格勒那研讨班中讲话确实是一种光荣。张五常到芝加哥大学不到半年就得到斯蒂格勒亲自邀请，喜出望外，心想：“我那篇文章实在不错，你们再‘残忍’也应该手下留情。”到了该星期四的下午，张五常提早到场，大有关云长单刀赴会的气势。那个研讨室的设计有点吓人——提供文章的讲者坐在最低之处，听众的座位高高在上，环绕着讲者。张五常虽然是初生之犊不畏虎，但先到场后，听众还未到，坐在讲者的低位上，向上环视一周，内心却凉了半截！

听众准时来到，共有30多人，有一半是当时鼎鼎大名的高手，这让张五常想起某电影中以婴儿祭神的故事。科斯是最后进场者，选了一个最靠近张五常的正中座位，对张五常微微一笑，点点头，表示嘉许，这让张五常感到一丝暖意。张五常的博士论文指导教授阿尔钦，当时也刚好到芝加哥大学访问，也在座，但他带着些读物坐在远处翻阅，没看张五常一眼。

斯蒂格勒首先发言，简略地介绍了张五常，给他15分钟的“引言”时间。张五常张口说：“这篇文章是我研究佃农理论的副产品。那个理论的结论是，在资源的运用上，佃农合约与其他合约没有什么不同，可能是因为在开始推理时，我没有拜读前辈的著作。”只说了这几句，斯蒂格勒就大声说：“这证明洛杉矶加州大学的老师没有好好地教你经济思想史。”大家都知道斯蒂格勒是在说笑话，于是哄堂大笑起来。

张五常正要说下去，但大家一看斯蒂格勒开了口，就迫不及待地发问或批评了起来。张五常说：“幸而，每一问题或批评都有人替我回应。在两个多小时的热烈争辩中，我自己除了开场说的那几句话之外，就再也没有说过什么了。替我辩护最极力的是斯蒂格勒和阿尔钦。在整个过程中完全没有发言的，是科斯和戴雷科特。”

讨论会之前，张五常失眠数夜，但到头来只听见他人争辩两个多小时，闹得乱哄哄的，究竟他的文章是否被认为有点价值，就难以判断了。第二天午餐，张五常在餐厅里遇到戴雷科特，当时张五常与戴雷科特不熟，只知道他声名远播。戴雷科特忽然走到张五常的身边，轻声地说：“你昨天那篇文章，是这几年来我读过的最好的一篇了。”说完后没等张五常回应就走开了。张五常呆了一阵，掏出手帕，掩饰地抹了抹快要流下来的眼泪。

躬逢芝加哥大学最鼎盛时期

张五常表示，能有机会与科斯讨论自己的研究工作，得到科斯热情的协助与鼓励，是他在芝加哥大学时的一项大收获。事实上，芝加哥大学学术气氛浓厚，其在思想创新上的给人的紧张与刺激是张五常于过去和未来都未曾有过和再也不会有的体验。20世纪60年代的芝加哥大学在学术上是处于至高处，那里的经济学系、商学院与法律学院，三者打成一片，高手云集，每天的学术“节目”忙得不可开交，午餐成为一种研讨会议，晚上的酒会也是如此。

作为一个博士后的初级教授，张五常在芝加哥大学时其实是一个学生。争取知识与思想启发的机会很多，张五常从早到晚可说疲于奔命，晚上的酒会（每星期总有一两次是为来访的学者而设的）散后，带着睡意回到住所，稍事休息，又得坐下来工作。张五常指出，在经济学的历史上，似乎只有两个年代、两个地方，有那样热闹的思想“训练所”，一是20世纪30年代的伦敦经济学院，另一个就是20世纪60年代的芝加哥大学。张五常由1967—1969年在芝加哥大学，能身临其境地躬逢其盛的经历，他自认为“算是不枉此生”。

张五常在芝加哥大学时，芝加哥大学经济学系主任是哈伯格（A. Harberger），他跟张五常说，依他的看法，当时该学系的强大史无前例！的确，当时弗里德曼和斯蒂格勒正如日中天，舒尔茨宝刀未老，约翰逊“旁若无人”，蒙代尔（Robert Mundell,

1999年诺贝尔经济学奖得主）是供给学派的鼻祖，还有格里利谢斯（Z. Griliches，生产力的名家）、福格尔（Robert Fogel，1993年诺贝尔经济学奖得主之一）和日本学者宇泽弘文（H. Uzawa，1928—2014）等等杰出学者齐聚一堂。

这样的鼎盛阵容，其实还只是当时芝加哥大学经济学家中的一部分，在商学院内，泽尔纳（A. Zellner）和泰尔（Henri Theil，1924—2000）是经济学、统计学大宗师，法玛（Eugene Fama，2013年诺贝尔经济学奖得主之一）与米勒（Merton Miller，1923—2000，1990年诺贝尔经济学奖得主之一）正把当今大行其道的财务投资学发扬光大。在法律学院，则有科斯和戴雷科特坐镇，当时的无名小卒有泽克（Z. Zecher）、兰德斯（W. Landes）、帕克斯（R. Parks）、麦克洛斯基（Deirdre McCloskey）、迪瓦特（E. Diewert）、拉弗（Arthur Laffer，著名的拉弗曲线创始者）以及张五常。

张五常说："是的，在芝加哥大学时，差不多每一个同事都可以是我的老师。这样的求学际遇，要到哪里去寻？在那众多的'亦师亦友'中，与我最亲近的是科斯，他很愿意在我的思想上花时间，而我对真实世界的兴趣与他相同。我当然希望他能引导我的思想，但在另一方面，他那不知从何而来的创见着实吸引我。我从小就对一个思想的形成感兴趣，于是，我和科斯在芝加哥大学校园漫步时，就不厌其详地追寻他思想的根源，而他也不厌其详地回答。"

当时，张五常对科斯的创见中最感兴趣的，可不是那后来闻名于世的科斯定理，而是科斯早期的厂商理论。厂商（或公司或商业机构）究竟是什么？为什么会有厂商的存在？厂商的功能何在？这些大有意思的问题，是奈特在20世纪20年代时提出的。到今天，我们不仅还在提出这些问题，而且这些问题还是经济学在20世纪80年代最热门的话题，这些话题之所以会在80年代末频频出现，说起来，倒不是因为奈特，而是因为科斯在1931年写成，却拖到1937年才发表的那篇《厂商的本质》。

张五常感叹说："该文真可说是一篇奇妙之文。第一次阅读，似乎清楚明白，但多读几次，就不大了了。再读，更觉得深不可测。我读了十多次后，得到这样的一个看法：科斯执笔写此文时只有21岁，他当时思想还不够成熟，因为'厂商'是真实世界的事，21岁的青年不可能有深入的体会。另一方面，在认识科斯之前我早已肯定，奈特以风险来解释厂商的存在不可能对，而科斯以交易成本作解释则不可能错，问题只是哪一种交易成本起了些什么作用而已。"

在芝加哥大学校园里，张五常反复地问科斯，他在1930年与1931年时，每一个月主要在想些什么。幸运的是，科斯收藏了不少他当年的书信和笔记，为了回答张五常的问题，科斯就重温私人"档案"，一点一滴地告诉张五常，有时"档案"有所欠缺，两个人就按着"上文下理"，推敲缺少的究竟是什么。

张五常依循科斯的思维进展来继续他对厂商的研究。1967—1982年的15年间，张五常断断续续地想着有关厂商本质的问题。在这个发展过程中，张五常认为科斯昔日的大作也有错漏的地方。毕竟这是他 21 岁时写的文章，纵使他是聪明绝顶，错漏也是难以避免的！

1983 年，张五常为科斯的“荣退”发表了《厂商的合约本质》。那是他认识科斯 17 年后的作品。受了科斯的感染，张五常在“厂商”这个题材上想了 16 年。该文一气呵成，是张五常自认满意之作。该文的主要结论是：我们无从知道厂商为何物，科斯所说的厂商，只不过是另外一种合约安排，这种安排是为了要节省产品议价的交易成本。值得一提的是，合约或契约理论到 21 世纪受到重视，由 2016 年诺贝尔经济学奖颁给哈佛大学教授哈特和麻省理工学院（MIT）教授霍姆斯特罗姆这两位钻研合约理论的学者，可以得到印证。

科斯在读了张五常那篇文章后，写了封信给张五常，说：“你那篇文章是我多年来能学到一点东西的唯一一篇文章，但我不同意你的一个结论。你说不知道厂商为何物，我却认为是可以知道的。”

很可惜的是，该文发表之后张五常就没能和科斯面对面详谈。科斯认为知道厂商为何物，却从未对张五常解释是什么，纵然彼此书信往来好几次，两人却得不到一致的结论，如今科斯已仙逝，当然就不可能有答案了！

张五常给儿子取科斯的名字——罗纳德

对张五常思想有深远影响的人中，以世俗的“正规”观点而言，有几位算不上是他的老师，像科斯和弗里德曼，但他们都不否认张五常是他们的学生，于是张五常也就引以为荣地不加以反对。张五常也没选修过阿尔钦和赫舒拉发的课，但他们都认为张五常是他们最好的学生，张五常也就乐得以学生自居，高举他们的名字，在行内过过瘾。

张五常表示，不论是正规的老师也好，半师半友也好，他都能从他们的思想中得到新的启发，有所领悟，是人生乐事。有了这些启发和领悟不一定可以赚到钱，或足以谋生，但可使学者在思维上进入一个新境界、新天地，觉得自己平添一份生命力，因而比丰衣足食重要得多。思想的生命比肉体的生命要重要得多，那些压制思想，搞什么“思想教育”的制度，实在是人类应引以为耻，应受我们鄙视的东西！

张五常说他屡遇名师，说自己比较像天之骄子。他举例说，经济学上的“均衡”究竟是什么？科斯认为该概念乏善可陈，可有可无；阿尔钦认为“均衡”是指有解释能力。在他们的启发下，张五常就加以推展而得到自己的“均衡”概念：所谓均衡者，是有足够指定的局限条件，使推理的人能建立可以被推翻的假说。张五常的这个均衡概念在经济学教材中从来没有出现过。他认为这不重要，重要的是他自己觉得有一个新的领悟，这个领悟使他自己觉得生命多了一点意义。

张五常再举另一个例子，产权经济学创始于 20 世纪 60 年代，众所周知，其创始者是科斯和阿尔钦，而得到他们两人亲自教导的，天下间只有张五常一人，这对张五常来说简直就是奇遇！

张五常遇到科斯时，科斯已 57 岁，没有孩子，科斯的全名是罗纳德·科斯。1972 年，张五常的儿子出生，想起没有孩子的科斯，就替其儿子取名为“罗纳德”。科斯非常高兴，不厌其详地问到小孩子的情况。张五常的儿子逐渐长大，每隔一段时日，科斯就关心地问其发展。张五常的回应是：“大小罗纳德大有相同之处——想象力丰富，做事能专心投入，有持久思考的耐力，但表面看来却是笨拙得很！”科斯听后，高兴极了。

张五常说，他记得当他儿子出生时，以书信通知师友，他们一见“罗纳德”这个名字就哈哈大笑，知道是怎么一回事。一位加州大学教授回信问：“Coase（科斯）这个姓氏，若翻译成中文，是否与‘张’字相同？”

到 1990 年，两个罗纳德彼此都未见过面，张五常的几次刻意安排会面，都因为碰上其他较重要的事情而取消。1990 年 8 月，张五常接受邀请到瑞典去，要在当地 5 年一度的诺贝尔奖研讨班上，宣读一篇关于产权与交易成本理论的文章。虽然瑞典那边没有明讲，但张五常意识到该委员会想为产权经济学颁发一个诺贝尔奖给应得者，希望他能对科斯和阿尔钦的思想加以阐释，或品评一下。张五常自然感到义不容辞。

不过，对张五常来说，还有一件很重要的事：科斯那一年已

80 岁了，仍未见过自己的儿子。相差 62 岁，神交已久的一老一少，还没有见过面，而该年 8 月的瑞典之会，科斯也会去。科斯和贝克尔被选为张五常那篇文章的评论者。张五常觉得那恐怕是他儿子和科斯——相隔两地，互相关心的一老一少——会面的唯一机会了。于是，张五常就去信给瑞典诺贝尔委员会的一位主事者说，他那 18 岁完全不懂经济学的儿子也要同行，想要躬逢其盛，而且希望能听到他父亲和科斯的演讲，可否破例同意？张五常得到的回答是：绝对欢迎。因为这位主事者早知道，除了有名的罗纳德外，还有另一位罗纳德。

科斯终究没能亲临中国

2013年9月2日，科斯辞世于美国伊利诺伊州芝加哥市，享年103岁。9月10日，张五常写了一篇悼念长文。开头就说“我们不会为一个在地球上活了100余年的人的辞世感到悲伤”。张五常自己一直注意着科斯的病况：几星期前，他跟科斯通了电话，知道科斯的思想清晰依旧，但随着病情反复，希望与失望几番交替，油尽灯枯，一个学者可走的路算是走完了。张五常说他认识的经济学者都奇怪的长寿。

对于科斯的去世，张五常不悲伤，但非常惋惜：“科斯终究没到中国来。一个热爱中国90多年的人，认为炎黄子孙的天赋与文化皆独步天下，但多灾多难，落后贫困那么久，他心境难平，听到他期望了那么久的中国奇迹终于出现，怎可以不到中国来看看呢？去年他近百岁的太太谢世，自己可以到中国来了。我对他说，既然没有后人亲属，在哪里谢世都一样。”

航空公司说没有问题，护照过了期要再办，张五常的太太找到了一间很舒适的宾馆套房，也跟一些医生朋友打了招呼。提到科斯，张五常的中国朋友都站了起来，因为他们早已熟悉科斯，并对科斯非常敬仰。张五常选定2013年10月的大假之后让科斯来中国，那时天气可人，而要到哪里漫游，到哪些大学见一些学子，想到了中国再打算。张五常知道科斯喜欢多见中国青年，也知道不少中国青年想见到科斯。张五常的美国朋友说，每次科斯提到将要到中国，都很兴奋。张五常说：“可惜终究还有这点遗憾！”

上文已提过，张五常在 1962 年年底才读科斯 1961 年发表的《社会成本的问题》，当时受到震撼。因为张五常于 1962 年读了很多关于外部性（externality）的文章，老是不明白，求教于几位老师，他们怎么解释也无法让张五常明白。读到科斯的这篇宏文后，他对自己说："怎么完全不是那回事了？外部性的诸多理论是搞什么鬼？经济理论的结构岂不是错得一团糟？"

1968 年，科斯和张五常在芝加哥成为好朋友，张五常向科斯解释为什么他认为科斯的《社会成本的问题》将会革新经济学的整体结构。科斯很高兴，就在他的 1991 年诺贝尔讲词中提到张五常对该文的看法。多年过去了，经济学真的革新了吗？张五常的答案是："越革越差！"这是他决定写《经济解释》的一个原因，之后他写写停停，共写成 4 卷 60 万字，终于革新了经济理论的整体结构。

科斯是个奇怪的人，这是张五常在认识科斯之后才知道的。科斯完全不知道"外部性"是怎么一回事，没有听过"externality"这个词！为此，张五常在 1970 年发表《合约结构与非私产理论》长文，但内容其实只是说："蠢到死，其实根本就没有外部性这回事！"这受到不少责难，但迄今该文还在，还可在好些研究院的读物中见到，而批评者已不见了。

张五常认为科斯的《联邦通信委员会》一文是比《社会成本的问题》更好的文章，张五常跟巴塞尔这样说过，而巴塞尔读《联邦通信委员会》后写信给张五常说："天下到哪里去找那么好的经济学文章？"张五常对学子们说："要知道什么才算是学问，跪下来拜读《联邦通信委员会》这篇文章吧！”

科斯对中国有所偏爱，这连张五常也搞不明白，而大家都喜欢把科斯和张五常连在一起，张五常对此也不明白，因为他和科斯相聚的时间其实短暂。1982 年科斯荣退，《法律与经济学杂志》要集文祝贺，张五常交去的《厂商的合约性质》被放在第一篇。1987 年英国的《新帕尔格雷夫经济学词典》（*The New Palgrave Dictionary of Economics*）出版，由张五常写“科斯”这一项。1991 年，科斯获颁诺贝尔经济学奖，张五常夫妇获邀赴瑞典，张五常在诺贝尔奖得主云集的宴会中，代替需要休息的科斯上台讲话，夫妇俩花了三万港币做晚礼服，还被邀请方指定要什么样的款式。张五常投诉，但邀请方说：“不会浪费，你们还要再穿的。”但，到哪里再穿呢？长长的燕尾、古怪的衬衣，张五常说 100 年后他的孙儿的孙儿或可拿去拍卖。

1980 年 12 月，美国经济学会（AEA）年会在美国底特律举行，科斯约见张五常。两人在宾馆喝咖啡的地方坐下来，科斯简单地说：“听说中国有可能改革，你要回到中国去。”张五常对这突如其来的要求，一时无以为对。过了好一会儿，科斯解释说：“没有人怀疑你在美国的学术成就，但中国需要改革，中国人民不会知道怎样做。经济制度的运作你可能比任何人都知道得多，又懂中文，他们不改无话可说，但如果真的要改，你回到中国的贡献会比留在美国大。”

过了几个月，香港前财政司托人通知张五常，香港大学的经济学讲座教授的位子将要空出，要张五常考虑。科斯知道此消息后，催促张五常申请。1982 年 5 月，张五常到香港大学就任，他知道要放弃用英文动笔写文章了。不过，张五常没有用中文写过文章，怎么办呢?

1979 年 10 月，张五常以中文发表《千规律万规律，经济规律仅一条》一文，此文是经由张五常口述，其朋友执笔完成的，说的是：在无数的决定竞争胜负的准则中，只有市价不会使“租值”消散，而市价只能在有私有产权的情况下才出现。该文没提到科斯，因为科斯从来不管租值消散，而张五常自己则到数年后，才成功地把租值消散和交易成本画上等号，打开了经济学的另一扇窗。

1982 年，张五常应英国经济事务学社之邀，写了一本小书，是用英文写的，有中译本，但不是张五常自己翻译的，因为当时他还未用中文写文章。该书多处提到科斯，介绍科斯的交易成本和权利界定观念。后来张五常决定以中文动笔，系因《信报》主笔林山木（林行止）“拍心口”，说每篇文章他会亲自过目。就这样，张五常开始用中文写作，一口气在《信报》写下足以结集成 3 本书的文章：《卖桔者言》（1984）、《中国的前途》（1985）以及《再论中国》（1986）。

张五常说他所有文章都很用心地写，而他的文章的确获得普遍好评，一时之间洛阳纸贵，连政府都大量复印，把《中国的前途》和《再论中国》每本复印了 2 000 册，盖上“内部阅读”印章，这让张五常感到高兴。1984 年 1 月发表的《从科斯定理看经济制度》一文则收录在《卖桔者言》中。这 3 本结集书中的大部分文章都或明或暗地涉及交易成本与权利界定。

要将市场经济运作正确地介绍给中国人民，有如把一种物品向他们推销，到底要选哪个牌子及怎么样的包装才有成效呢？这是张五常思考的大问题。整个20世纪信奉市场的经济大师，张五常几乎全都认识，也知道他们都乐意让他用他们的名字。张五常自问："多年以来，影响中国的思想家差不多全部是西方名字，我要把哪位朋友的名牌打出去推销呢？"

张五常的指导教授阿尔钦是"产权经济学之父"，但他的重要贡献是产权与竞争的关系，解释起来不会一招打中中国需要改革的命脉。弗里德曼是自由经济的顶级大师，但提到"自由"，该词从局限约束的角度看，解释很麻烦。科斯又如何呢？他提出的观点与角度够新奇、有深度，也可以完全避开当时的意识形态之争。因此，张五常集中于从"交易成本与权利界定"这两项科斯的看家本领入手。

张五常早在20世纪80年代，就利用了他在2008年为科斯写的《中国的经济制度》中的内容进行推销。1985年，张五常由科斯的思维路线指出，资产的所有权不重要，但资产的使用权与收入权重要，建议政府要让所有权与使用权分离，而使用权要清楚地界定权利谁属。1986年，张五常在北京首都钢铁厂做了"两权分离"的建议及解释的讲话，张五常离开后，干部大肆开骂。不过，次年，邓小平却推出同样的两权分离的建议，说那是"中国式的社会主义"，这是不是受到张五常的影响呢？

张五常不相信经济学者有本领改进社会，更不同意改进社会是经济学者的责任。他认为经济学者的职责只是解释世事或现象，或者解释什么样的政策会导致怎么样的效果。张五常说他不是一个改革者，他在抗日战争时差点在广西饿死，但仍对国家很关心。30 年来，张五常写下无数的批评或建议，都只不过是为了表达这点关心而已。他说，如果他执着于让他的朋友接受他的建议，不会活到今天。张五常强调他绝对不同意凯恩斯在《通论》这本天书结语中对“观念威力”的看法，即“政治狂人只不过是一些死去了的经济学者的思想奴隶”。

张五常的一些北京朋友说，20 世纪 80 年代中期起，中国的干部凡事收费是源于他 1979 年发表的那篇《千规律万规律，经济规律仅一条》。张五常反问说：“你相信吗？干部收钱需要我教，你信不信？马克思有影响昔日的中国吗？我认为只是影响了采用‘共产’一词。毛泽东的思想与政策跟《资本论》有明显的关系吗？是凯恩斯影响了政府大手花钱吗？还是政府要大手花钱才捧出凯恩斯？”

张五常之所以说这些话，为的只是要说一句他认为中肯的判断：“如果历史上真的有一个经济学者曾经影响了一个重要国家的经济，如果真的有，那么科斯影响了中国是我首选的实例！他提出的使用权利要有明确界定的原则，在土地的使用上，这些年在神州大地随处可见，比我知道的所有其他地区都要明确。法律怎样说是一回事，实践如何是另一回事。不要忘记，人民公社的日子还算不上是历史，如果依照历史的时间表，中国的使用权利界定的转变恐怕要用上 200 年！”

2013年6月，香港大学成立不久的“科斯产权研究中心”的几位学者飞到芝加哥去拜访科斯，而高龄102岁的科斯老人家还有魄力与智力跟他们谈了4个小时。谈话中，该中心的主事者问科斯：“你对我们这个研究中心有什么期望呢？”科斯想了一会儿，说：“希望你们能产出几个张五常。”

科斯很不满意30年来经济学的发展，他屡次要求张五常把他认为是“好的经济学”在中国发展起来。张五常觉得这是科斯的一厢情愿，希望渺茫。不过，近来张五常却觉得机会不是零。张五常举例说，2013年9月，他遇到一位对他的论著读得很熟的在北京大学读经济学本科（大四）的17岁女孩子，他发现她的提问很有水平，还听说她的同学都在读他的《经济解释》，而且其他一些中国的大学也都出现了相同情况。张五常深信，只要中国的同学乐意读、细心读，互相研讨、争议，就这么坚持下去，科斯的希望会实现。张五常郑重强调：“我是用尽心思在写《经济解释》的！”

科斯去世后，跟了他15年、当他助手的王宁打电话给张五常的太太，说科斯死前的遗物——书籍、书信、文稿之类——要全部交给张五常。张五常说他如果拿到这些遗物，会请人整理好，找一家适当的博物馆放进去。

“盖棺论定”是中国的古话。张五常说：“以我之见，一个明显的定论是，科斯的名字总有一天会写进中国的史册；但我不确定的是，其中的原因有没有他对中国改革的贡献——思想贡献永远是问号。我确定科斯会名留中国青史的原因是，他对中国衷心的爱和对中国人的真诚关怀。很多中国的青年学者都知道科斯，他的名字在今天变得有口皆碑了。中国将来的历史是由这些青年学者和他们的子子孙孙写出来的。”张五常感性地说：“是的！‘以爱传世’是多么美丽的故事！”

第三章

科斯的经济思想与学术贡献

由于犯错是人类的常态，而在追求真理的过程中，也无从避免人类的无知，唯有开放的思想观念市场才是帮助人类尽量接近真理的最佳工具。此外，具备批判思维和愿意挑战权威的大众，而且是同时保持宽容和开放的胸襟的大众，才是“自由的思想观念市场”得以发展的关键因素。

自称“意外的经济学家”的科斯，在求学的过程中深爱由罗宾斯爵士所引荐的两位著名学者的名著的影响：一为奈特教授的巨著《风险、不确定性与利润》，科斯由之产生对经济组织和经济制度的兴趣；二为威克斯蒂德（Philip Wicksteed）的《政治经济体系的常识》（*The Common Sense of Political Economy*），这部巨著开启了科斯不需求助于高深数学即能分析受限制的选择神奇能力。

科斯的研究领域就是一般经济学，在长达 70 多年的学术生涯中，虽然他的著作不少，共有 5 本书（4 本合著）、近 60 篇论文、6 篇评论，但较为人所熟知的只有 1 本书和 12 篇文章。书是 1950 年由哈佛大学出版社印行的《英国的广播——独占事业的研究》。文章发表的先后次序为：1937 年发表于《经济学刊》上的《厂商的本质》、1938 年发表于《会计》上的《企业组织和会计》、1946 年发表于《经济学杂志》上的《边际成本论战》、1959 年发表于《法律与经济学杂志》上的《联邦通信委员会》、1960 年发表于《法律与经济学杂志》上的《社会成本的问题》、1961年发表于《法律与经济学杂志》上的《英国邮局和信差公司》、1970年发表于《贝尔经济学期刊》上的《公用事业定价理论及其应用》、1974年发表于《法律与经济学杂志》上的《经济学上的灯塔》，1974年发表于《美国经济评论》上的《商品市场和思想市场》、1975年发表于《法律与经济学杂志》上的《马歇尔论研究方法》、1977年发表于《法律研究期刊》上的《广告与自由言论》以及1979年发表于《法律与经济学杂志》上的《广播和电视中的贿赂》。

量少质优、高瞻远瞩的著作

以量而言，由于科斯的每篇文章都不超过40页，纵使将所有的著作计入也算少，但就质来说却是价值高得难以衡量的，几乎每篇文章都具有原创性。若就个别文章的重要性排列，以《厂商的本质》和《社会成本的问题》两篇最大，分别是科斯成名及奠定不朽地位的大作。前者发表于1937年，仅20页，且是科斯在21岁用奖学金赴美国时就有腹案的，当时的科斯还未大学毕业呢！这篇巨作在发表近40年之后才被学术界重视，可见科斯高瞻远瞩。

科斯认为，市场中的交易有颇高的成本，在某些情况下市价难定。因此，即使在私产制度下，资源的运用往往也无法靠市场指引。定价的成本在交易成本中很重要，举凡量度、信息、讨价还价以及保障承诺等都要成本。由于交易成本高而市价难定，于是出现厂商来替代市场。在厂商组织里，经理或监督者指导资源的运用，使多种市价得以形成。因此，厂商的出现目的就是要节省交易成本。值得注意的是，在科斯的理论里，厂商和政府是具有相同性质的，有些厂商的结构往往与政府的结构相同，因而可将政府看成一家大公司。不过，只有政府才能拥有军事武力，这是一个最重要的差别。经济结构越复杂，市场价格机制的的运作就越昂贵，厂商就应运而生，运用这种推论法可以得到一个关于“集中”的新看法，因为集中会形成规模经济和降低交易成本。但这与反托拉斯政策所依据的一些原理相冲突，而且如果集中度有某种程度的限制，也会产生“规模不经济”。这篇在1937年发表的论文的重要性与日俱增，1966—1970年只被引用17次，而1971—1975年被引用次数增加至47次，1976—1980年被引用次数增至105次，可见一斑。

《厂商的本质》解释了厂商的起源，而1960年发表的《社会成本的问题》则解释了财产权的起源。市场机制固然是资源配置最有效率的方法，但为了有效运作，市场上必须有确定的、独有的并且可以自由转移的财产权；否则，为了支付磋商资源配置所花的成本就会大到不堪负荷。在此种推理下，法律经济学就应运而生了，因为在研究财产权的经济学家看来，法律是一种社会活动，它定出规则，以降低交易成本，增加经济剩余。这些规则能够促进交换的顺利进行，因规则能在原本所有权不清楚的地方赋予新的财产权，此举不但降低决定资源的成本，而且使资源得到更有效的利用，更有利于交换。另外，规则订立了共同的规范，譬如度量衡的标准化可以减少交易中的不确定情况，因而降低交易成本。这里所涉及的法律特指“商业法”和“结社法”，有了它们之后，创办工商业的成本和经营成本便可减少。

在这种演进下，法律可作为一个制度来分析，有了法律，处理稀少资源的分配，将会比没有法律时更有效率，法律经济学应运而生，并有了广泛的发展。此学理并不止于理论上的探讨，更有实际用途。譬如，环境污染和交通拥挤这些现代社会所普遍存在的问题，并不是资本主义制度的必然结果，而是未将财产权的观念充分应用之故。解决之道不是要阻碍工业化，而是要创设新的财产权，经由技术和法制的进步，使目前难以配置的财产权私有化。有一个重要问题是，由谁来制定和执行法律呢？很自然，“政府”这个特殊组织就被搬上台面。与此课题关系重大的是政府干预、管制的必要性和适度性，更根本的则涉及市场机制的功效，以及经济学派兴衰的大课题。在谈论这些课题之前，还是应从《社会成本的问题》这篇不朽之作谈起。

大致说来，1920 年以前，当庇古的《福利经济学》未问世时，市场机制可以使资源达到帕累托最优这一看法是毋庸置疑的，但庇古提出的“外部性”和“社会成本”概念瓦解了这个城堡。因为个人行为在有意或无意间都会产生外部效果，好的效果（如香水味）并不会对他人造成伤害，但譬如抽烟者所造成的“二手烟”，就会伤害到其他人。这种“将自己的快乐建立在别人的痛苦之上”的情况，就会有外部成本存在。由于行为者个人不会把这些代价算入自己的成本中，从而出现“无效率”生产，若任由市场机制运作，也就达不到帕累托最优，这也就是所谓的“市场失灵”（market failure）现象。为了弥补此种失灵，让资源回到有效率的使用，庇古认为由“为全民谋福祉”的政府出面，对污染者课税并制定课税标准就可做到。从此以后，政府干预有了坚强的理论靠山，而干预层面也日益扩大。这在 20 世纪 80 年代末就受到“公共选择”学者的强烈质疑，他们还提出“‘政府失灵’（government failure）比市场失灵更严重”的结论。

就在福利经济学承担矫正市场失灵的神圣任务，将政府搬上经济舞台充任矫正主角时，科斯却已对该角色质疑。在《社会成本的问题》中，他就经由推理和举例说明的方式反复推敲，认为社会成本不只是由生产者移向社会这种单向关系而已，事实上生产者也有损伤。一方面，社会固然为“非意愿”的产出所伤；另一方面，生产者也难免在租税调节市场失灵的过程中受损。从庇古所举的例子来看，到底应该是厂商可以付费得到污染环境的权利，抑或附近居民有权要求或出价要求厂商减少甚至停止污染或搬离该地？科斯的答案是：污染者和受污染者互相协商，才是最有效率的解决之道。不过，仍需出现“创造市场作为协商之地”的机构。按理说，政府就扮演着这种中立者的角色。此外，还必须有判定“环境财产权属于谁”的机构，并涉及政府是否就是这个机构的问题。

因此，科斯虽然使市场机制复活，但并未否定政府有其积极作用。问题是：政府如何扮演才恰当。对于这个问题，科斯做出了非常慎重的处理，而且倾向于压抑政府膨胀的古典观点，由他对邮局、电信等公用事业的严厉批判即可见端倪。不过，由于对财产权的判定致使法律能降低交易成本的说法得到证实，演变到现今，使得先进国家多如牛毛的各式各样的法令，以及各种管制机构泛滥，不但不能达到降低交易成本的原始目的，反而平白限制了个人的交易自由，这种对效率的打击导致交易成本大增的不良后果，恐怕不是科斯写出该篇划时代巨作时所能预料的。由科斯在 20 世纪 70 年代发表文章反对管制、呼吁“解除管制”来看，也许正是晚近“无政府自由主义者”的灵感依据吧！

无论如何，科斯这篇发表于 1960 年的大作，的确是威力无边而影响深远的，较1937年的原创性文章更好，该文章在1966—1970年被引述99次，1971—1975年增至186次，1976—1980年增至331次。由该文所奠定的“科斯定理”，据说与“萨伊法则”（Say’s Law）齐名。这篇文章所产生的影响在20世纪八九十年代东欧剧变、苏联解体等解释上，更有其时代意义。在这方面，张五常教授做出很大贡献，他将交易成本分为“制度运作”“制度转变”两种成本，推出“中国经济改革只能像‘过河卒子’，唯有‘勇往直前’”的结论，这也正可用来解释苏联和东欧诸国的改革。不过，如何减轻转变过程中所产生的痛苦的代价，或如何让当事人了解这种必经的痛苦，以期待美好的明天，也许正是这些先知必须再接再厉进行研究的课题。

《社会成本的问题》这篇文章由于关系重大，因而引起了学者热烈讨论，质疑和赞扬皆有，但科斯直到1988年才做了综合性回答，那就是收录在《厂商、市场与法律》的《阐释社会成本的问题》一文，文中扼要地将“科斯定理”进行了解析，其内容之精彩自不在话下。

在政府力量的膨胀方面，“公共物品”（public goods）的提供及“自然垄断（或独占）”的存在，一直是重要的护身符。科斯在这两个课题上也有突出见解，他根本不承认有自然垄断这回事，似乎隐含着“所有的独占或垄断”都是政府一手导演之意。对于共享的课题，他更以英国的实际资料研究私营灯塔的实地经验，证明“私营”不但可行，还远优于“国有”，打破公共物品应由政府提供的神话。全球如火如荼的民营化运动，也正是对科斯定理的另一个印证。

科斯的其他文章也都富有原创性。1935 年，科斯和福勒合写的《英国的猪肉生产和猪的循环周期》一文对通用的“蛛网理论”提出疑问，因该理论等于承认生产者无知，认为他们对于市场价格不断做出错误的预测却不知改正。科斯和福勒还认为，投机者的平价和套利活动可以改正这种错误，他们在文章里运用了“理性预期”和“资产市场效率”这两个现代的经济概念。前者触动穆斯于 20 多年后提出“理性预期”的概念，也可间接地说穆斯是 20 世纪末大放异彩的“理性预期学派”先驱。

科斯还对电信事业做过深入研究，极力反对政府控制广播事业，也提议用价格分配广播波段。科斯发现，19 世纪，英国某些公司为顾客提供信差服务，而英国邮局为了保障自己的专利，不惜限制这些服务。上述的灯塔这种公共物品，亦由科斯举证认为私人经营更有效率。因此，科斯对于政府用其“有形之手”经营公用事业以及提供共享财，强烈表示不敢苟同。科斯也进一步反对政府以税收来弥补公用事业，他在 1946 年于《经济学杂志》上发表的《边际成本论战》里，指出公用事业的效率不应只由边际成本和边际收益的关系决定，也应由总收益和总成本之比较来决定。如果公共投资项目的亏损有税收填补，怎知投资是值得进行的呢？除了上述诸种入世作品外，科斯也对经济思想史做过研究，对于亚当·斯密和马歇尔这两位古典经济学大师的思想有独到的分析，其中也显示了科斯本人的人性观和方法论，其相关文章是研究经济思想史不可错过的文献。

以上是对科斯的思想观念和重要著作的综合评述，接着引介科斯对自己的思想理念和三篇重要论文的扼要陈述（这是科斯在《厂商、市场与法律》一书中第一章“导论”的内容）。

科斯的经济理论

科斯坦率地说，他的看法未被普遍认同，他的许多论点也没有人能够了解。虽然他表明这一方面要归咎于他个人表达能力的不足，但他相信主因并不在于他没有表达清楚，因为他的文章论点十分简单明了，里面的命题几乎可以看成不辩自明的真理。经济学家会拒绝接受那些命题或无法明白那些命题，有可能是由于大部分的经济学家观察经济问题的方法与科斯的方法不同，他们对于被观察的事物的本质有不同的认知。科斯深信这是千真万确的事实。

有关经济学的本质，目前最具代表性的观点，科斯认为是罗宾斯对经济学的定义。罗宾斯说："经济学是一门行为科学，它探讨人类如何利用具有多种用途的稀少资源，以期达成其目的。"此定义把经济学界定为人类从事选择行为的科学。事实上，包括罗宾斯在内的大部分经济学家，他们的著作中所谓的选择问题，其范围远比此定义所隐含的东西要小。不过，贝克尔指出，罗宾斯对经济学的看法不必如此狭隘。贝克尔认为，经济分析方法（economic approch，贝克尔取的名字）能够更为广泛地用以探讨社会科学的问题，而且我们也应该朝那个方向去努力。贝克尔的一些著作就是最好的例子，他成功地把经济分析方法运用到其他社会科学领域。科斯指出，贝克尔在这方面的成就引发了这样一个问题："何以经济学家所使用的行头竟有这么多种用途？"

在经济理论中，科斯特别有兴趣的是有关厂商、产业以及市场的部分。这个部分在以往被称为“价值与分配理论”，现在则被称为“价格理论”或“个体经济学”。此经济理论的架构相当精细且高超。经济学家应用这些理论，针对一些问题提出了很有价值的见解。经济学家会研究消费行为（即消费者如何决定购买何种商品或劳务的行为）与消费者的收入以及这些商品与劳务价格之间的关系。此外，经济学家也研究生产者的行为，探讨生产者在生产要素价格、最终产品的需求以及产出与生产要素的关系已知的情况下，如何决定使用何种生产要素，生产何种商品或提供何种劳务，使用多少生产要素，生产多少商品或提供多少劳务。这些分析基于两个假设：消费者在追求效用［实际上是不存在的物体，科斯猜其作用就像古典物理学中的以太（ether）］最大化，而生产者在追求利润或净收入的最大化（后一个假设比前一个假设较有事实根据）。消费者与生产者的决策如何协调，则是交换理论探讨的主题。

有关经济分析方法的内涵，上文已做了很详细的说明，我们绝对不能忽略此分析方法最重要的特质，那就是此方法探讨的是如何选择的问题。此理论的用途之所以如此广泛，原因就在于此特质。贝克尔就曾指出：“经济学与其他社会科学最大的不同点不在于探讨的对象，而在于分析的方法。”如果经济学（或个体经济学）中的这些理论构成一套可用以分析选择行为决定因素的方法（科斯相信事实的确如此），则不难了解何以这些理论也可以被应用到人类的其他选择行为上。就这层意义而言，经济学家并没有特定的研究对象。经济学家发展出来的这套方法与其研究对象是分开（或可以分开）的。事实上，人并不是唯一会做选择的动物。毋庸置疑，其他动物，如老鼠、猫与章鱼等，也与人类一样在设法追求效用最大化，因此同一套分析方法也可以被应用到这些动物身上。所以，有人曾经发现，价格理论也可以用来解释动物的行为。

然而，科斯觉得，虽然经济学家对于选择理论研究的专注将促使法律、政治科学与社会学等方面的研究更有活力，却对经济学本身造成了一些严重的负面影响。理论与研究对象的分离，造成了一些不良的后果，其中之一就是经济学家的研究对象并不是他们所要分析的主体，以至他们的分析缺乏任何具体的内涵。经济学家探讨的消费者并不是人，而是满足一致性条件的一组偏好，诚如斯莱特（Martin Slater）所言，对经济学家而言，“厂商实际上可以被定义为一条成本曲线与一条需求曲线，而厂商理论只不过是厂商如何确定最优价格与生产要素组合的一套理论罢了”。至于交易，经济学家并没有交代是在何种制度下进行的，因此经济学家眼中有消费者而没有人，有厂商而没有组织，甚至有交易而没有市场。

经济理论里所谓的追求效用最大化者，与日常生活中我们所看到的“人”大相径庭。我们没有理由假定，大部分的人都在设法追求什么事物的最大化，除非我们指的是烦恼，而就算是追求烦恼，人们也没有做到百分之百成功。奈特曾经对这个想法做了很好的说明：“……经济学家认为……人们努力工作与思索的目的在于解决烦恼，此说法至少有一半与事实恰好相反。人们花在自寻烦恼上的时间或心思，几乎与追求快乐的时间或心思一样多……一个人若没有事情让自己伤脑筋，就会想办法制造一些出来，比如从事有趣的游戏、谈恋爱、征服某个敌人、猎狮，以及前往北极，等等。”

科斯认为，人们的偏好与人类的祖先（他们也许不能被划归为人类）在过着数百万年渔猎生活时的偏好一模一样：这些偏好在当时那种环境下是有助于人类生存的。所以，也许社会生物学家（以及他们的批评者）的研究将来能把人类本性的特征详细描绘出来，从而使我们能够推导出人类的偏好，并将其作为经济学家进行分析的起始点。如果能做到这一点，则有关消费需求与其他经济行为的分析当然能做得更加完善。然而，不管人类的选择取决于哪些因素，就一群人而言，在绝大多数情况下，如果某个东西的（相对）价格上涨，那么对该物品的需求量就会下降。我们只要了解这么多就够了。在这里，价格指的并不一定是货币价格，也包括广义的价格。当人们决定是否要穿越危险的通衢大道，走到对街的餐馆去吃饭时，不管这些人理不理性，我们确信，若穿越马路越危险，则越少有人愿意冒这个险。我们也相信，若有较不危险的替代品，如桥，则愿意穿越马路的人会减少。此外，若穿越马路所得到的好处变得更可观，穿越马路的人定会增多。价格理论的内涵，就是将前述的分析推及一般情况。科斯认为，前述的分析并不需要假定人们是理性的而且在追求效用最大化。前述的分析并没有告诉我们：何以人们会选择这样做或那样做。我们不知道何以有人会冒生命危险去买份三明治。不过，我们知道，当丧命的危险性增加到某一程度时，这个人就会放弃这个选择。

科斯的论文没有一篇谈及人类偏好的特质。诚如前面所述，科斯相信，必须等到社会生物学家以及经济学界以外的其他学者从事更广泛的研究之后，经济学家才可能处理这个问题。然而，经济学家不但把人类本质看得如此缺乏内涵，在他们的研究中，他们对具有关键性地位的“组织”的处理也如出一辙。这些组织指的就是厂商与市场合起来构成经济体系里的组织结构。在主流学派的经济理论中，大都假定厂商与市场已经存在，而不把这两者当作探讨的对象。因此，在决定哪些活动由厂商来做而哪些活动通过市场来进行时，具有举足轻重地位的法律也就被忽视了。当今经济理论的主干就是选择理论，而选择理论是具有广泛适用性的。科斯论文的特点在于，应用现有的经济理论探讨厂商、市场与法律在经济体系运作过程中所扮演的角色。

厂商

在当代经济理论中，厂商是一个将投入转换成产出的组织。厂商何以会存在？决定厂商数量的因素是什么？决定厂商行为（如买什么要素？销售哪些产品？）的因素是什么？大多数经济学家对这些问题都没有什么兴趣。在美国、英国与其他西方国家，大多数的人都受雇于厂商，大部分的生产活动也都在厂商内部进行，整个经济体系运作得是否有效率也跟这些经济个体内部的活动有相当密切的关系。因此，经济学家对于厂商的问题如此漠不关心，实在令人感到十分讶异。科斯写《厂商的本质》一文的目的就是为厂商的存在提供理论基础，并且指出厂商的活动范围取决于哪些因素。虽然这篇文章曾被广泛地引用，但文章中的观念还没有被经济学家用来作为分析的工具。要解释何以厂商会存在以及厂商会从事哪些活动，科斯发现需要引进一个新的概念。在文中，他将这个概念称为“使用价格机制的成本”，也就是“在公开市场进行一项交易的成本”，或简称为“营销成本”（marketing costs）。在科斯的《社会成本的问题》一文中，他用“市场交易成本”来阐释同一个概念。这个名词后来在经济学文献中被称为“交易成本”（transaction cost）。科斯当时的想法可用下面这段话来说明：“为了进行一项市场交易，人们必须寻找他愿意与之进行交易的对象，告知交易的对象与之进行交易的意愿以及交易的条件，与之议价并敲定价格，签订契约，进行必要的检验以确定对方是否遵守契约上的规定，等等。”达尔曼（Carl

J. Dahlman）使用搜寻与信息成本（search and information costs）、议价与决策成本（bargaining and decision costs）、检验与执行成本（policing and enforcement costs）等来描述交易成本，这使得交易成本的概念更为明确。交易成本的概念在大多数的当代经济理论中仍付之阙如。

科斯认为，若不使用这个概念，则实在无法了解经济体系的运作，也不能分析经济体系中的许多问题或制定可靠的政策。由于存在交易成本，想要进行交易的人会采取一些措施，那么只要这些措施的成本小于所节省的交易成本，他们就都会采取。人们会跟哪些人交易、签订何种契约或提供哪些产品或劳务，都会受交易成本大小的影响。不过，人们为了应对交易成本问题，在所采取的做法中最重要的也许就是厂商的出现。在那篇《厂商的本质》中，科斯指出，虽然生产活动可以通过个人间的契约关系完全独立地进行，但个人间签订契约进行交易需要成本，因此只要这些交易活动在厂商内部进行交易所需的成本小于在市场上正进行交易所需的成本，厂商就会出现，以把这些原本经由市场进行的交易改由该厂商来安排。当厂商内部进行交易的成本等于在市场交易的成本时，厂商规模就已达到极限。交易成本决定厂商购买什么、生产什么以及销售什么。由于经济学家通常并不使用交易成本这个概念，也就难怪使用这个概念的分析方法难以被接纳。如果我们不谈厂商，改谈市场，就更能了解经济学家何以会有此种态度。

市场

科斯表示，经济学家宣称有关市场的运作也是他们研究的对象，但在现代经济理论中，市场本身所扮演的角色远比厂商逊色。虽然马歇尔在他的《经济学原理》一书中写了一章“论市场”，但那一章仅是些泛泛之谈，并没有深入探讨市场问题。一个可能的原因是，马歇尔刻意把那个主题保留下来，并在后来写成《工业与贸易》(*Industry and Trade*)。当代的教科书仅仅分析市场价格的决定性作用，而有关市场本身的探讨则付之阙如，这看来似乎有点奇怪，其实不然。市场这个组织的存在是为了方便交易者进行交易，也就是在于降低交易成本。如果经济理论假定交易成本不存在，市场就不具有什么功能了。因此，经济学家在建立交换理论时会使用一些奇奇怪怪的例子，比如，他们会用到干果交换苹果的交易例子，并把其交易过程分析得巨细靡遗。这样的分析确实能告诉我们，为什么交易会给交易双方带来好处，却无法告诉我们，决定交易量与被交易物品的因素是什么。此外，每当经济学家谈起市场结构时，他们指的并不是市场这个组织，而是厂商的数量与商品差异性等。至于社会组织，则完全忽略了这个有助于交易进行的组织所可能产生的影响。

市场是由企业家建立起来的，市场的出现已经有很长的一段时间。在中古时代的英国，市场需要国王的特许才能建立。建立市场的人，不但要负责提供设备，也要负责安全维护工作，尤其是在政府力量不强、社会动荡不安的时代，更是有此需要。此外，他们也须提供解决交易争端的法庭。直到现在，市集（市场或展览馆）仍然到处都是，而在英国，这些筹备活动往往是政府的职责之一。但随着商店以及由民间零售商与批发商所经营的类似场所的数量的大幅增加，市集与市场的重要性自然日渐下降。由于政府提供了安全维护与更进步的法律体系，于是旧市场的所有者不必再担负这类工作。不过，一直到 19 世纪末期，人们仍可见到一些残存的解决交易争端的法庭。

传统市场日渐式微，新市场的出现在现代经济社会扮演着重要的角色。这些新市场就是商品交易市场与股票交易市场。这些市场通常由许多交易商组成，这些交易商为交易所的会员，各自拥有一些硬设备以进行交易。所有的交易所对交易活动都有相当严密的管制，如交易的时间、交易的物品、交易双方的义务、清偿的条件等。此外，这些交易所也设置解决争议的机构，并处罚违反交易所规定的交易者。值得注意的是，经济学家在谈到完全市场（perfect market）与完全竞争（perfect competition）时，经常以这些交易市场为例。然而，这些市场上的交易却受到高度的管制，而这些管制又与政府的管制有别。科斯确信，由此可见，要想完全竞争存在，必定要有一套繁复的规定与管理方法。经济学家一看到交易活动受到管制，往往就认定有人企图垄断市场或减少相互竞争。对于这些管制，他们往往忽略或不重视另外一种诠释：制定这些管制措施的目的在于降低交易成本以增加交易量。

亚当・斯密曾经这样说：“商人的利益……无论是哪个行业，

总是多多少少（甚至完完全全）地与社会大众的利益产生冲突。扩大市场与减少竞争永远是商人利益之所在。扩大市场通常与社会大众的利益一致，但减少竞争必定损害社会大众的利益。”亚当·斯密对减少竞争的管制措施大加挞伐，由于措辞有力，这似乎使我们忽略了一个事实，那就是商人基于自身利益，也会采取一些扩大市场的管制措施。当然，这也许是由于亚当·斯密没有注意到这个问题。然而，科斯相信，管制有扩大市场的功能这个问题之所以会受到忽视，还有另外一个原因，即垄断或贸易障碍（如关税）问题。我们可以很简单地用一般价格理论加以分析，而由于这些理论忽略了交易成本，自然难以将降低交易成本的影响纳入理论分析之中。

显然，现代市场要能顺利运作，不仅仅要提供一些硬设备以进行买卖交易，还要建立法令规章，以界定交易双方的权利与义务。这些法令规章可以由建立这些市场的人士制定，大部分的商品交易所就是这样的。这些交易所面临的主要问题就是如何与会员达成协议，以及如何执行其自行制定的规章制度。就商品交易而言，在同一地点进行交易，而且交易的商品项目有限，因而比较容易达成协议。至于规章的执行，对交易者而言，能在交易所进行交易这件事本身就是极有价值的，因此，只要亮出取消在交易所交易权利这个法宝，就能使大部分的会员遵守交易所的规定。如果交易的地点很分散，设立的交易所的数量较多，而且彼此利益颇不一致，如零售商与批发商，那么要建立与维持交易秩序的法律系统就相当困难。因此，在这些市场进行交易的交易所，必须靠国家的法律系统来保护。

社会成本的问题

科斯的《社会成本的问题》这篇文章，主要探讨有关法律如何影响经济体系运作的问题。这篇文章的出现，有助于我们了解经济理论的状况。在那篇文章之前，科斯发表了另一篇文章——《联邦通信委员会》。在该文中，他主张美国不应该由行政部门指定收音机广播频道的使用者，而应该利用公开竞标的方式将使用权授予出价最高者。不仅如此，他还进一步探讨，得标者应该可以获得哪些权利。过去经济学家把生产要素看作是物理单位，如几吨肥料、几亩土地等，因而他们往往把这个问题视为理所当然。然而，对于买卖行为，律师习惯上都将其视为一种关系到一组权利的买卖。科斯之所以会采取律师所用的方法来探讨收音机广播频道的问题，理由其实很简单。在某特定频道上传送电波，其传送效果与此频道以及邻近频道使用者的使用目的息息相关，因而很难将使用频道的权利笼统地以物理单位表示。除非先界定此频道与邻近频道的使用者的权利，否则无法正确地算出使用特定频道者究竟应该支付多少钱。科斯首先在《联邦通信委员会》中探讨此问题，后来又在《社会成本的问题》一文中对此问题做出更详细的分析。当时，由于许多经济学家尤其是芝加哥大学的经济学家在读了他的《联邦通信委员会》后认为其中的论点有误，为了说服这些人，科斯才在后来那篇文章里对此问题再次做了比较完整的探讨。

科斯发现，使用上述方法分析收音机广播频道的分配问题十分管用，因此将此方法用在经济学家比较熟悉的问题上，应该也不会有什么困难。如果某个人有权在某块地上盖一间工厂，而他若有意盖，通常也会获得不许他人在那里播种小麦的权利。工厂如果盖好并开始营运，当然会产生噪声与排放黑烟，工厂的主人也会希望拥有这样做的权利。工厂主人会选择将工厂设置在某个地点而且制造噪声与排放黑烟，是因为在那个地点生产，并且采取那种生产方式，可以获得较高的收入。当然，若工厂主人有权利这样做，这块地就无法用作农业用途，有些人也就无法享受宁静的环境与干净的空气了。

如果从事某项活动的权利可以买卖，最后获得这些权利的人往往是那些对这些权利（不管是生产还是享乐）评价最高者。在这个交易过程中，通过权利的取得、分割与结合，最后这些活动成果的市场价值会达到最高。某个人获得并运用这些权利，必然会使那些认为为获取这些权利而付出太高代价的人失去生产或享乐的机会。毋庸置疑，经由权利的获得、分割与结合以组成一组新的权利所带来的好处，必须与进行这些交易活动所需的成本比较，只有当这些交易成本小于其好处时，这些活动才有可能进行。这个分析方法厘清了一件事情，那就是决定土地用途的权利与某些权利（如在某特定地点排放黑烟）在分析上并无不同。正如拥有在某地盖工厂的权利的人，往往也拥有不在那里盖工厂的权利；拥有在某地排放黑烟的权利的人，往往也拥有禁止人们在该地排放黑烟的权利（如自己不排放黑烟，而且也不将此权利转让给会排放黑烟的人）。人们会如何运用这些权利，则取决于谁拥有这些权利，以及拥有这些权利的人是否与别人签订契约。如果最后的结果是通过市场交易来达成的，那么这些权利的使用者往往是对这些权利评价最高的人，而权利移转过程中所产生的交易成本则必须扣除。所以，交易成本在决定权利如何被运用的过程中扮演着十分重要的角色。

《社会成本的问题》一文对上述观点做了相当系统的介绍。该文在经济学文献中曾被广泛地引用与讨论，但该文对经济学界的影响并没有科斯预期的那么好。其分析大部分集中在该文的第三节与第四节，甚至仅局限在对所谓的“科斯定理”的探讨上，而忽略了其他部分。在该文的第三节与第四节，科斯分析的是一个在没有交易成本的世界里的问题。他这样做的目的并不在于描述在那样的世界里的生活会如何，而在于他要使理论分析的架构更简单。更重要的是，科斯的目的在于明确地指出，交易成本在构成经济体的组织的形成过程中所扮演的与应该扮演的基本角色。

科斯分别探讨了两种不同的情况：一种情况是厂商必须对其行为导致其他厂商遭受损害负起赔偿之责，另一种情况则相反。科斯用以说明的例子也是他的批评者使用的例子，即有关牧场主人的牛群侵入邻人的田里践踏农作物的问题。科斯证明，当交易成本为零，而且对每个人的权利都有明确的界定时，资源的分配在上述两种情况下并无不同。如果牛群的主人必须赔偿农作物的主人所遭受的损失，那么牛群的主人定会将这些费用算入他的成本。然而，如果牛群的主人不必负起赔偿之责，则农作物的主人定会愿意支付一些钱（直到等于受损的农作物的价值），以诱使牛群的主人制止牛群践踏他的农作物。若牛群的主人继续养牛并让牛群践踏邻人的农作物，他等于放弃了那笔钱，因此那笔钱会成为牛群的主人继续饲养那群牛的成本。在这两种情况下，践踏农作物所造成的损失与对牛群的主人产生的成本增加量都会一样。科斯同时也指出一个在后续的讨论中居十分重要地位的因素，但批评者往往将这个因素忽略掉了：如果牛群的主人必须负起赔偿之责，则牛群的主人也有可能游说农场主人放弃栽种或改种别的作物，只要这样做能使得损害得以减少的数额大于农作物价值下降的数额（不包括受损的部分），农场主人就有可能会放弃栽种或改种别的作物。此外，牛群的主人也有可能采取其他措施，如构筑篱笆，以减少农作物的损失，如果其成本低于损害得以减少的数额，他们也会这样做。因此，“在计算养牛的成本时，我们所需考虑的部分定会远小于牛群（原先）可能造成的损失”。科斯所下的结论是：“如果价格制度的运作不必花费任何成本，则最后的结果（此结果将使产值臻至最大化）并不会受到法律规定的影响。”这个结论被斯蒂格勒正式命名为“科斯定理”。以斯蒂格勒的话来表示，科斯定理就是：“在完全竞争情况下，私人成本就会等于社会成本。”

没有交易成本的世界非常奇特。斯蒂格勒在提到科斯定理时曾这样说：“没有交易成本的世界，就像没有摩擦力的物理世界一样奇怪。独占者会因得到补偿而表现得像在完全竞争市场中一样。保险公司也不会存在。”在《厂商的本质》一文中，科斯证明，在没有交易成本的世界里，厂商的存在就找不出经济上的理由。在《社会成本的问题》一文中，科斯证明，如果没有交易成本，法律如何制定就无关紧要，因为人们可以不花费成本去获得权利、分割权利或是结合权利，以提高产品的价值。在那种世界里，经济体系里的那些组织就没有任何实质内容或实质意义可言。张五常甚至认为，如果没有交易成本，“将私人财产权的假定拿掉，也不至于推翻科斯定理”。这个看法是千真万确的。有一点较不常被人注意到的是，如果进行交易不必花费任何成本，那么我们可以用一瞬间去体验永恒。

花太多时间研究没有交易成本的世界有什么特质，似乎没有太大的意义。科斯的论点的确告诉我们，要分析现实世界，我们必须将经济体系存在交易成本这个事实纳入考量。但科斯的文章还没有发挥这样的作用。期刊上许多这方面的文章主要集中在对科斯定理的检讨上，而这个定理是关于没有交易成本的世界的假说。虽然学术界的反应令人失望，但这却是可以理解的。科斯定理所探讨的是没有交易成本的世界，而这正是现代经济理论探讨的世界。因此，纵使这样的世界可能产生的问题与现实世界风马牛不相及，经济学家处理起来却觉得十分自在。

经济学家对科斯理论的一些批评也是相当容易理解的，因为如果科斯的理论是对的，那么这表示现代经济理论无法回答科斯的许多理论想要解答的问题。这样令人泄气的结论当然很难得到认同，因而科斯的理论会受到抵制也是可以料想到的。科斯认为，对科斯定理或他在税收措施上所做的分析（他在《社会成本的问题》一文中最受经济学界重视的部分）的反对意见，有些是不正确的，而有些是无关紧要的，还有一些是无的放矢。由《阐释社会成本的问题》一文可以看到科斯这样主张的理由。科斯定理探讨的是交易成本被明确地假定（或隐约地假定）为零的情况，这样的理论对于发展一套足以解释交易成本为正的现实世界的理论而言，只是一个初步的工作。因此，科斯认为，要建构一套这样的理论，当务之急就是摒弃目前为大多数经济学家所采用的分析方法。

边际成本定价

在《边际成本论战》一文中，科斯分析了边际成本的定价方案。经济学界对该方案的支持，足以凸显当代经济学家的分析方法。支持边际成本定价方案的不是一群默默无闻或不被看重的经济学家；相反，这些支持者中有些是经济学界最负盛名的经济学家。在美国，这方面的文章最早是由霍特林（H. Hotelling）于1938年写的。在英国，最具影响力的支持者为勒纳。勒纳在20世纪30年代就有这方面的著作，但迟至1944年才将这些著作发表出来。第二次世界大战期间，任职于英国内阁办公室经济组的米德（J. E. Meade）与弗莱明（J. M. Fleming）在一次有关国有企业的经营问题的研讨班中，撰文宣扬边际成本定价。当时，担任《经济学杂志》编辑的凯恩斯看到他们的文章大为激赏，便将该文刊登出来。宣扬边际成本定价的经济学家除霍特林、勒纳、米德、弗莱明与凯恩斯之外，还有很多人，但光是这几个人的名字已足以令人肃然起敬。

边际成本定价的理论相当具有说服力自不待言，否则也不会被那么多位杰出的经济学家接受。该理论的逻辑基础不难解释。制造产品所使用的生产要素的成本，可以为这些生产要素在其他用途方面创造价值。除非价格等于成本，否则即使对消费者而言，产品价值大于生产要素在别的地方可以创造的价值，消费者也不一定会要该产品。消费者不但要决定消费什么，而且要决定消费多少，因而价格必须等于多生产一单位产品的成本，也就是边际成本。诚如萨缪尔森所言："只有当产品价格等于边际成本时，经济体系才算真正从其拥有的稀少的资源以及有限的技术中榨取了最大的产出……由于边际成本具有决定最佳状态的性质，可审慎地用以检验任何机构有无效率。"基于这些理由，许多经济学家认为，所有产品的价格必须等于边际成本。

如果生产者的平均成本随产量的增加而增加，则边际成本定价法可带来足够的收益以支应总成本。事实上，在此情况下，竞争一般就足以使得价格等于边际成本，因而并不需要政府的介入。然而，如果平均成本随产量的增加而下降，以至边际成本小于平均成本，则价格等于边际成本并不足以带来足够的收益以支应总成本。为克服此困难，有人建议政府课税以补贴该企业，补贴金额为总收益不足以支应总成本的部分。《边际成本论战》那篇文章指出了这一政策的缺点。

因为有无穷多的商品或劳务的平均成本随产量的增加而递减，且并不是平均成本递减的产品均应接受政府补贴，因此政府必须决定供应哪几种产品。主张实施边际成本定价的人士提出了一套解决上述问题的办法：政府（或企业经营者）先估计，当产品售价等于边际成本时，消费者的需求数量以及所愿意支付的金额是多少。如果消费者所愿支付的总金额可以支应总成本，政府就付给生产者实际从消费者手中获得的金额与生产该产品的总成本的差额。

科斯觉得，这个办法既古怪又容易造成严重的无效率。既然我们已知道消费者愿意支付的金额足以支应生产该产品的总成本，政府却不要求消费者付出他们愿意支付的金额，这不是很奇怪吗？消费者不必支付那么多钱，那么我们在估计他们真正愿意支付的金额时可以使用的信息将十分有限，因而可能造成无效率。再者，这些估计值是否正确，随后并没有经过市场的检验，因而进行这项工作的人可能不会审慎从事，更有可能造成政治因素的介入，以至影响政府是否需要补贴某项劳务的决策。这种办法开启了大规模浪费的方便之门。这种政策也造成收入的重新分配，对平均成本递减的产品的使用者有利。此外，实施此政策必须开征新税，以至造成必须缴纳新税的商品或劳务的价格高于其边际成本。结果，为了使某些产品的价格不高于边际成本，却使得另一些产品的价格高于边际成本。此政策的效果究竟如何？科斯觉得并不是显而易见的。他在《边际成本论战》一文中就强调了这个论点。

不过，从那时开始科斯已体会到，威尔逊（Tom Willson）在《经济学杂志》上那场论战的初期提出的一个观点确实十分重要。威尔逊指出，财务自主权与行政组织间的关系十分密切。假使政府提供补贴，会记录补贴的金额，因而多多少少会介入受补贴的产品的行政管理。所以，边际成本定价政策容易造成以国有企业取代私人企业、以中央集权经营方式取代分权式经营方式的结果。政府行政管理往往十分不当，以至造成无效率。边际成本定价政策最大的缺点可能就是这方面的无效率。如果私人企业与分权式经营方式有助于提高经营效率，则企业财务的自主是必要的，而企业财务的自主却与边际成本定价政策水火不容。

一般而言，边际成本定价政策并没有什么益处，然而该政策在经济学界却广受支持。究竟该如何解释此现象呢？科斯相信，这是由经济学家使用的研究方法造成的。经济学家所用的研究方法被科斯称为“黑板经济学”。边际成本定价政策是在黑板上实施的。教授假设执行此政策所需的信息是可以获得的，而执行此政策的工作则完全由教授担任。教授在黑板上确定价格、课征税收以及分配补贴的金额，以期提高全民福利。然而，在实际经济社会里，并没有人扮演类似的角色，没有任何人被分配像老师在黑板上所做的工作。老师心目中必然认定现实世界中的政府扮演的就是那个角色，但事实上，没有任何政府部门单独地而且面面俱到地管制一项经济活动，或详细地协调不同部门间的工作。在现实生活里，为数众多的厂商与政府有各自的利益、政策与权限。政府执行其经济政策有许多手段，如建立（或取消）另一个政府机构、变更法令、实施证照管理制度、授予司法部门对某些事务的管辖权、将某个产业收归国有（或开放国有企业）等。政府部门的职责，就是在发挥经济体系的功能的各种社会组织中，挑选出比较合适的组织。

科斯表示，黑板经济学当然需要高深的智能才能了解，对经济学家而言，这套东西也有助于提升他们的研究能力，但黑板经济学却误导我们对经济政策的思考方向。在研究经济政策时，我们需要探讨的是经济体系在不同制度架构下如何运作。而要探讨经济体系在不同制度架构下如何运作，我们需要一套与当代经济学家不同的研究方法。

庇古派传统与当代经济分析

福利经济学是经济学的一个分支，探讨政府在管制经济体系运作的过程中所扮演的角色。现代福利经济学主要是根据庇古在1920年出版的《福利经济学》一书形成的。其实，该书大部分的论点与庇古在1912年出版的《财富与福利》（*Wealth and Welfare*）一书的论点重复。

在《社会成本的问题》一文中，科斯指出，庇古的基本看法是，如果经济体系出了毛病，解决的办法就是政府采取某些行动。庇古在表达此看法时虽有一些保留，但这可以代表他的基本看法。有人觉得，科斯对庇古的批评过于尖锐，但科斯相信他的批评基本上是正确的。为了证明庇古的研究方法的本质，科斯分析了《福利经济学》一书第二部分的第二十章“公共部门的介入”（Intervention by Public Authorities）。在《社会成本的问题》中，科斯并未讨论这一部分。

庇古关心的问题就是能否借由政府的介入来提高国民收入。庇古说：“在任何产业，如果我们相信让人类的自利心自由运作，投资在该产业的资源数量不足以使得国民收入获得最佳的结果，就有初步的证据支持公共部门介入资源配置活动。”庇古接着指出，这当然只是初步的证据。庇古又说：“把私人企业未受规范时可能产生的调适不良的部分拿来和经济学家在他们的研究中想象出来的理想情况做比较，显然不足以作为公共部门介入的充分条件。我们不能希望任何政府部门去实现那个理想，或希望这些政府部门全心全力去追求那个目标。与私人企业一样，政府部门的人员也会因无知或部门压力而犯错，或因自利心而贪污舞弊。”

不过，庇古认为，公共部门介入可能产生的缺点会因时因地而异。庇古曾引述马歇尔的话说，在当时的英国，社会风气较以往有所改善，一般选民也比较有办法防止当权者滥用他们的职权。庇古说：“这个重要的事实，表示当时的政府部门介入任何活动后所产生正面效果的可能性较以往更大。”庇古又说：“除了提高现有政治制度运作效率之外，我们也应认真思考如何创造较佳的政治制度。”

就管制或经营企业而言，市民代表机构或者其他类似的机构有四个缺点：（1）选举这些市民代表的目的主要不是介入企业经营；（2）市民代表经常换人；（3）他们管辖的区域并非依商业目的来划定；（4）这些市民代表往往会面临选民提出不当要求的压力。然而，庇古认为：“这四个缺点可以用最近发明的方法加以克服，如委员会或特别委员会……委员会的成员可以根据任务的需要特别选定适当的人员担任；任期也可以是长期的；服务的地区也可以适当地调整；任命的资格也可以使之免于受选民的压力。”

庇古举了州际商业委员会（Interstate Commerce Commission）这个例子。庇古认为可以下这样的结论：“这个委员会大体上的表现显示，当代发展出来的政府部门的组织结构和管理方法，使得政府部门在某些情况下适当地介入产业活动，从而创造了有益的结果，而早期，虽在同样的情况下，政府部门也不适宜干预产业活动。”科斯认为，我们不应该“把私人企业未受规范时可能产生的调适不良的部分拿来和经济学家在他们的研究中想象出来的理想情况做比较”。由于庇古假设存在一个（几乎是）完美的公共部门，庇古这样做，事实上正是拿理想的情况和现实的私人企业的情况进行比较。

这些委员会是否可以运作得像庇古所描述的那般完美，庇古对于这一点似乎从未怀疑过。因此，虽然庇古一开始就指出政府部门不完美的可能性，但庇古发现了理想的政府部门组织形式。因而，在某些情况下，政府部门的介入可能会造成干预比不干预更糟，庇古对这个情况也就可以避而不谈。庇古对独立的管制委员会深信不疑，现在看来似乎有点可笑。庇古的这个信念最早出现在1912年出版的《财富与福利》一书，并不断地出现在《福利经济学》一书的每一个版本中。一直到1952年（该书加入新内容的最后一版问世的那年），在那40个年头里，庇古似乎从未曾想过他对委员会的乐观看法是否可由后来的一些发展得到验证。在该书的每一个版本中，州际商业委员会都被称为“州际铁路委员会”（Interstate Railway Commission），该委员会成立于1887年，而庇古在书中却一直称该委员会为“最近发明的”。由此可见，庇古对这个题目并不是真正那么有兴趣。

科斯指出，由这些事情可以很明显地看出庇古的嗜好。诚如奥斯汀·罗宾逊（Austin Robinson）所观察的，庇古的“主要兴趣在于‘结果’而不在于‘看法’，在于写下一个可以实际应用的福利经济学的理论”，他却未曾对经济制度的运作进行详细的研究。对于特定问题的讨论，庇古所依据的似乎就是一些书或文章，通常除了这些次级文献之外就别无其他见地。庇古在著作中所举的一些例子，实际上仅是用以说明他的见解的，而不是据以作为立论的基础。奥斯汀·罗宾逊读了庇古的著作后指出，庇古“经常寻找一些例子以说明他的著作中引用的话”，由此可以了解他做学问的态度。庇古用这种方式寻找例子，也就难怪他经常不能了解这些例子的真正意义。例如，科斯在《社会成本的问题》中指出，火车头所冒出来的火花若将铁道旁的树林烧毁，树林的主人不能向火车公司索赔（这是庇古在写他的书时英国的法律所规定的，庇古也许略有耳闻），这个现象并不是政府没有介入所造成的，事实上，这正是政府的规定造成的。

科斯认为，基本上，当代经济学家所用的研究方法与庇古的研究方法如出一辙，只不过他们所用的名称不同，而描述的东西与现实世界的距离也拉得更远。萨缪尔森在他 1947 年出版的《经济分析的基础》（*Foundations of Economic Analysis*）一书中无异议地总结了庇古的看法：“……他的理论主张除非有技术上的外部经济或不经济，否则其封闭经济体系竞争下的均衡便是完美的。若有外部经济或不经济，由于个人在做决策时并不会把他的行为对他人的影响纳入考量，政府似乎就有正当的理由进行干预。然而，这仅限于技术因素所造成的结果（如排放浓烟等）……”20 世纪 80 年代末，经济学界在这方面的讨论仍然大同小异，唯一的差别就是将“外部经济或不经济”改为“外部性”。“外部性”这个词最早似乎是在20世纪50年代由萨缪尔森提出的。有关“外部性”最普通的定义是，一个人的决策对未参与该决策者所造成的影响。因此，假使甲向乙购买东西，而这个决策对乙造成了影响，此影响不被视为“外部性”。然而，如果甲与乙的交易影响了丙、丁与戊，这些人并非交易的当事人，但却受到影响，如噪声与烟雾等，则这些影响就被称为“外部性”。值得注意的是，当代经济学家所谓的“政府介入”，通常指的是课税或者直接管制厂商或个人的活动，但前者较常被提及。

科斯认为，这个理论有严重的缺陷。该理论未能告诉我们，哪些因素决定政府部门介入经济活动是否有益，以及应该介入哪些活动，而且该理论也未考虑是否有其他可能的做法。因此，该理论常常导致经济学家提出不适当的经济政策建议。特别是，“外部性”的产生并不表示政府就有正当的理由介入经济活动，也就是说，“外部性”的出现并不表示政府就理所当然地可以采取课税或直接管制等方法进行干预，而不必考虑其他的可能做法，例如，不采取任何行动、放弃过去实行的政策或设法使市场运作得更顺畅等。

假定甲在生产某产品时排放黑烟，以至伤害了乙。如果甲有权排放黑烟，而甲与乙没有签订任何协定，甚至甲也许不知道有乙这号人物，这就产生了“外部性”。假设政府像庇古想象中的州际商业委员会那么能干而且廉洁，则政府该如何做呢？假定乙愿意支付给甲一笔钱，要求他不再排放黑烟，如果这笔钱小于甲不排放黑烟所必须负担的额外成本，则十全十美的政府若想使国民收入最大化，就应该撒手不管，也就是不要用课税或直接管制的手段，使得甲不再继续排放黑烟。应继续让“外部性”存在，而不必劳驾政府部门介入。

现在假设乙愿意支付的钱大于甲额外增加的费用。首先，我们必须探究的是，何以乙未与甲进行交易，也就是由乙要求甲停止排放黑烟。这项交易似乎可以用甲与乙都觉得有利的条件成交才对。问题应出在进行这项交易的成本可能高于这项交易可能带来的利润。这是实际的情形，十全十美的政府该怎么办呢？有如甲与乙必须将进行交易的成本纳入考量一样，政府在调查乙愿意支付给甲以避免黑烟造成的损害的金额以及甲防治排放黑烟的额外负担时，政府所需付出的成本也应被纳入考量范围。此外，政府也须考虑拟定政策并加以执行的成本。如果政府进行调查与执行政策的成本相当高，或是执行结果的好坏十分不确定，以至政府介入所产生的预期利润小于介入的成本，则政府不应采取课税或直接管制的手段，以要求甲停止排放黑烟。另一个可行的做法是，修改法令，要求甲须对排放黑烟所造成的损害负责，则甲与乙之间就不需要进行交易。还有一个可行的做法，就是修改有关契约的法令规定，使得甲与乙的交易成本降低。这个完美的政府如果没有修改这些法令，必定是因为修改之后会影响在其他情况下的交易。在这里所举的这些假设性的例子中，相较之下，进行交易的成本与政府介入的成本让“外部性”继续存在更为有利，因此，政府部门不宜介入以消除外部性。

于是，科斯说，我们很容易证明，“外部性”的出现本身并不足以构成政府介入的正当理由。事实上，由于进行交易有交易成本，而这些成本很大，因此人们的行为所造成的影响有很多是无法由市场交易来解决的。因此，“外部性”将会无所不在。由于政府的介入也有成本，因此很可能大部分的“外部性”应该继续存在，才能使得生产价值达到最大。如果政府并非如庇古的理想那般完美，反而像他指出的一般，公共部门普遍无知、受到压力团体包围而且贪污腐化，则上述的结论就更加强劲有力。当“外部性”产生时，政府介入是否有益，取决于经济体系的成本情况。我们可以想象得到，在某些情况下政府介入是有益的，而在某些情况下则不是。如果主张经济理论已经证实，政府介入必定是有益的，这并不正确。这是一个实际的问题，由于“外部性”无所不在，这个特性使科斯相信，我们有正当的理由反对政府介入。20 世纪 80 年代末，美国一些有关管制效果的研究，农业和都市区域规划的结果显示，管制通常使得情况比管制前还要糟糕，这些发现可以支持科斯的看法。

“外部性”的概念在福利经济学中扮演着十分重要的角色，结果却非常糟糕。毋庸置疑，人们在做决策时对其他人（甚至他们本身）可能造成的影响，有时并未被纳入考量。然而，现在的人在使用“外部性”这个概念时往往隐含：“外部性”一出现，政府就必须想办法将它消除。如前所述，个人与民间机构未将“外部性”消除，唯一的理由就是这样做的好处会被其造成的损失抵消（这些损失包含安排这项交易所需的成本）。如果政府介入之后，消除“外部性”的成本仍高于其好处，则很明显，最好还是让“外部性”继续存在。科斯为了避免让别人误以为他赞同一般的想法，在《社会成本的问题》一文中，科斯从未使用“外部性”这个名词。他用的是“不良的影响”（harmful effects），而且他也未指出决策者在做决策时是否将这些“不良的影响”纳入考量。科斯写那篇文章的目的之一确实就是在证明，对于这些“不良的影响”可以像处理其他生产要素一样来处理。这些“不良的影响”有时应该加以消除（会比较有利），有时则不要加以消除。要得到正确的结论，并不需要使用像“外部性”这样的概念。纵使一些赞同他的观点的学者在提到《社会成本的问题》时，往往也认为这篇文章是在探讨“外部性”问题，但是很明显，科斯努力想使他的理论与主流派理论不要纠结在一起的做法并没有成功。

科斯指出，我们必须了解，经济学家在研究经济体系的运作时，他们探讨的就是个人或组织的行为对于体系中其他人的影响。那是我们探讨的主题，如果没有这些影响，就没有经济体系可以研究了。个人与组织为了提高其本身的利益所采取的行动，有些会对他人有益，有些则有害。人们可能提供劳务，也可能退出劳动市场；可能提供资本，也可能拒绝提供资本；可能排放黑烟，也可能防止排放黑烟。人们也可能采取其他种种行动。经济政策的目标就是使人们所采取的行为确实会对总体经济体系带来最好的结果。一开始，科斯假设这个目标与追求总生产值最大化一致（就这点而言，科斯是属于庇古派的）。

人们选择采取某些行为，目的完全在于扩大自己的利益，因而要改变他们的经济行为，就要想办法使得这些行为符合他们的利益。除了劝诫之外（这个办法通常是没有效果的），政府可以做的就是修改法令或是改变行政组织。改变的方式有很多，例如：改变人们可以获得或拥有的权利与义务，更改一些有法律效力的契约的要件而使得交易的成本提高或降低，改变对当事人以外的第三者造成伤害的罚金，等等。此外，经济学家最喜爱的做法，例如对某些行为课税或给予补贴，或者政府直接管制以禁止某些行为或要求做出某些行为，当然也可以纳入考量。法律制度的改变，例如法院诉讼程序的修改、政府部门功能的重新安排，以及（美国）联邦政府与地方政府职能的调整等，都会影响经济体系的运作，律师必然很容易想到还应包括哪些方法。经济政策包含适当的法令规章与行政组织的选择以追求生产总值的最大化，而想确知法令规章的改变对经济体系的影响会有多大并不容易。不过，科斯指出，由于有一些经济学家从事所谓“法律经济学”这个新的研究课题，早已有一些成果。科斯认为，经济学家如能认识到目前经济理论实在无法令人满意，则愿意加入这个行列、贡献他们的智慧的经济学者应当会大大增加。对于这一点，科斯颇为乐观，事实也是如此。

科斯强调，经济政策涉及对不同社会制度的抉择，而社会制度则是通过法律建立起来的，或是依靠法律来运作的。大多数的经济学家对此问题并不这样看，他们描绘一个完美的经济体系，然后把这个体系与他们所观察到的（或他们认为他们观察到的）进行比较。接着，他们建议应采取什么方法使实际的经济体系达到完美的境界，却未深入探讨如何去完成这项工作。这些分析非常有创意，但却飘浮在半空中，科斯也将之称为“黑板经济学”。很少有人深入探讨经济体系究竟如何运作，难怪科斯发现学者（如庇古）所提的实例，经常使人产生误解。较晚近的一个例子就是米德所提出的。在他那篇经常被引用的文章中，他举蜜蜂在果园中授粉的例子，说明市场无法解决这种问题。显然，米德并不知道蜜蜂养殖者与果园主人间有契约关系。

关于经济政策，在经济学家使用的主要的研究方法中，至少在个体经济学方面足以说明其缺点的例子，科斯认为就是他在《经济学上的灯塔》（The Lighthouse in Economics）一文中所举的有关灯塔的例证。灯塔，曾被几位伟大的经济学家——从穆勒（John Stuart Mill）到萨缪尔森——提出来作为哪些服务应该由政府提供的例子，而在后来一些较不重要的学者所写的无数教科书中也是如此。然而，科斯指出，引用这个例子的这些伟大的经济学家并未曾实际去研究灯塔的财务与管理问题，难怪他们对此主题的论断不是错误的，就是不清楚的，或是引起误解。而萨缪尔森比前一代经济学家更为极端，他使用当代经济学家使用的方法，不但认为提供灯塔的服务无法收费（事实上，此点并不正确），而且认为纵使能够收费也不应该收费，因为边际成本（多增加一艘船使用灯塔的成本）为零，而且价格应该等于边际成本。萨缪尔森并没有对收费与不收费做比较，而是对由一般税收融通所产生的结果有无差异做比较。他一开始就假定一个理想的情况（他认为在此情况下价格应该为零），并暗示这是应该想办法达成的，却未曾探讨这个政策对于灯塔的运营会造成什么影响。科斯认为，以英国的情况而言，由于提供灯塔的服务必须付费，这与由一般税收融通而不需付费的情况比较起来，实施的结果较能配合船东的需要。科斯说，他的这个结论是否正确则是另外一回事。要证明他的结论不正确，必须进行类似他所做的比较分析，并指出他漏掉了哪些相关因素，或对于哪些效果的评估有误，不能仅因为证明了他的政策建议不符合某些不可能达到的理想，就说他的结论不能接受。

需采用新研究方法探讨经济政策

在探讨经济政策方面，科斯建议经济学家必须采取新的研究方法。不过，仅仅改变研究方法仍有不足，如果对于不同制度安排可能产生的效果未能有所了解，我们仍无法相当理智地在不同制度间做抉择。要了解不同制度下的表现，科斯认为不必放弃正统的经济理论。不过，科斯认为确实有必要把交易成本引进经济分析之中，因为经济体系中有很多事情就是被设计用来减少交易成本，或是克服交易成本所造成的障碍，若不将交易成本纳入考量，理论将变得十分空洞。其他因素当然也应该被纳入考量，但要使经济理论更好，就有必要多多了解经济活动实际上是如何进行的。由灯塔的例子就可以知道，若不了解事实真相，经济学家会错得多么离谱。

科斯指出，对于厂商的活动以及其在契约方面的安排，我们所知有限，仍有太多需要去了解。在《社会成本的问题》中，科斯也提出类似的看法。他举出一些有待研究的课题，例如，撮合交易双方的经纪人的活动，限制契约效力的效果，关于大型房地产开发公司的问题，以及政府的市地重划与其他管制活动，等等。在科斯的几篇文章发表之后，陆续有很多的著作出现，但仍有许多问题有待研究。最让科斯感到受挫折而亟待解决的工作出现在“法律经济学”这个研究课题中。经济体系与法律体系之间的互动关系十分复杂，改变法令对于经济体系的运作会有什么影响，这正是经济政策的主要部分，这里面仍有许多知识是我们尚未了解的。科斯说，他的论文只不过是指出未来的研究方向，我们现在面对的是一段漫长而且艰辛但会很有收获的旅程。

科斯的厂商理论和交易成本理论对于科技创新市场研究产生了影响，而科斯对思想市场的分析和看法对于言论自由领域内的经济分析思维发展也产生了一定程度的促进作用，甚至有些学者认为，要说科斯的思想市场促成了美国联邦最高法院改变判决态度也不为过！

科斯的“自由的思想市场”理论

中国台湾大学的刘静怡教授在2016年12月出刊的《思与言》第54卷第4期“科斯专号”上发表的《回忆科斯和芝加哥大学法学院：从交易成本到言论市场》一文中就谈到这个课题，下文就援引该文中第4节“科斯的思想市场主张”来剖析科斯的“自由的思想市场”理念。

2011年，科斯曾通过网际网络在一场中国举行的财经会议上致辞。当时，科斯除了肯定中国30多年前选择了市场化的改革道路外，还连续说了三遍“我有重要的话要对中国说”。科斯当时所谓的“重要的话”就是“自由的思想市场”的问题。

对于言论自由的研究者而言，思想市场（market place of ideas）这个比喻，可说是过去百年来美国关于言论自由的司法判决中最重要的比喻之一。这个比喻源自霍姆斯（Holmes）大法官，在伯南（Bernnan）大法官于20世纪60年代中期所撰写的一个协同意见中形成具体轮廓，而霍姆斯大法官的用语是“free trade in ideas”，并非“market place of ideas”，但实际上，两者意义相近。究竟思想市场的意义是什么？此种市场的特征是什么？这是在法律经济分析运动逐渐形成气候之后才有的出自经济学观点的尝试。

思想市场的经济分析历史可说是法律经济分析运动过程中的偶发现象，而造成这种现象的是两篇纯粹以经济学观点分析思想市场的论文。一篇是戴雷科特于1964年发表在《法律与经济学杂志》的《等同经济市场》(The Parity of the Economic Market Place),另一篇是科斯1974年发表于《美国经济评论》(*The American Economic Review*)的《商品市场和思想市场》(The Market for Goods and the Market for Ideas)。这两位《法律与经济学杂志》的灵魂人物可以说巧妙地尝试运用政治上的自由主义者所偏爱的“政府不应干预思想观念市场”的基本态度,引导出政治上的自由主义者也应该抱持“政府不得任意干预经济市场”此一同样的基本立场的推论结果。

自从这两位法律经济学开山祖师提出基本概念之后,围绕思想市场这一主题的学术论文可以说和法律经济分析的论述进程同步发展。就波斯纳(Richard Posner)大法官这位法律经济分析学界的巨人来说,在20世纪70年代和80年代两度写文章,针对思想市场这一议题进行论述,可以说是法律经济分析学派对于霍姆斯大法官所提出的概念做了相当透彻的分析的代表著作。迄今为止,也很难看到有人对思想市场的法学含义提出比波斯纳大法官更为精辟的分析,而波斯纳对于思想市场的阐述,从发展脉络来看,很显然受到科斯相当大的影响。晚近的法律经济分析受到了行为经济学(behavioral economics)相当大的影响,从许多经济学引进了不少侧重于心理学方面的方法,逐渐出现了从行为经济学的分析角度解释思想市场何以会产生市场失灵现象的论述。这些后续的发展也都应归功于科斯当年的开拓。

商业言论也应自由

科斯对言论自由研究领域的贡献，并不只是对“思想观念”这一概念的分析，他对法学家看待“商业言论”（commercial speech）的方式也深感兴趣，因而亲自写文章挑战当时美国联邦最高法院的判决立场。科斯在 1977 年发表于《法律研究期刊》（*The Journal of Legal Studies*）的《广告与自由言论》（Advertising and Free Speech）一文中，直指美国实务界和法学界绝大多数人认为“广告”——即言论自由研究领域内所定义的“商业言论”——不应该和其他言论类型，例如典型的“政治言论”（political speech）受到宪法相同程度的保护，而是应该受到程度较低的保护和管制力度较大的规范。但对科斯来说，美国法学界并未提出足以让人信服的正当性理由和说理基础。科斯的那篇论文在检视言论自由的理论基础之后，认为从言论自由保护相关的理论来看，无法推论出“商业言论应属保护程度较低的言论类型”这一结论。科斯又认为，这个结论和言论自由领域长期以来认可的“言论自由市场”概念实在相去甚远，这反映出来的是，法学界对于言论自由市场相当有信心，但对经济层面的自由市场却明显信心不足的矛盾。因此，科斯质疑这一规范取向很可能只是判决法官特定价值和偏见之下而生的产物。

纵观历史，不难发现在美国法院的判决中，商业言论原先并不在言论自由的保障范围内，而且此段历史可追溯至 1942 年美国联邦最高法院在“瓦伦丁诉克雷斯滕森案”中认定商业言论不受言论自由保护的判决。直到1976年对“弗吉尼亚州医药委员会诉弗吉尼亚州市民消费者委员会案”（Virginia Board of Pharmacy V. Virginia Citizens Consumer Council）的判决，商业言论在言论自由领域内的价值才受到美国联邦最高法院的肯定，被法院认为其仍然能够为民主社会提供人民做成功决策过程中不可或缺的信息，而联邦最高法院做出这个判决的时间正是科斯的论文发表的时候。这个判决的出现，也将广告这个商业言论类型与思想市场上自由流通和竞争的言论价值联结在一起。

科斯至少自20世纪70年代中期以来就开始思索广告这一个经济市场产物所受的言论自由保障问题。他在1977年发表的那篇论文中指出，对于大部分人来说，在消费、生产和雇佣关系上拥有选择的自由与在思想观念领域拥有选择的自由具有同等重要性，这也正是广告的重要功能之一。即使退一步假设思想市场的重要性高于商品或服务市场的重要性，政府针对经济市场采取管制措施，若以创造出更佳决策结果为目的，我们也应考量何以思想市场所需的政府管制能和商品或服务市场不同。因此，科斯认为言论自由领域的思想市场前提，应该延伸适用于经济市场，而美国联邦最高法院在1976年以前认为的广告这类商业言论类型不受言论自由保护的判决立场，应该被推翻才对。纵然从1976年以来，美国联邦最高法院在承认商业言论受言论自由保护的判决先例下，对于商业言论的定位依然偏向于容许政府实行比较严格的管制，也就是商业言论自由和被归类为“高价值言论”的政治言论依然有别，但科斯在商业言论的保护方面所提供的论述贡献却不容忽视。

虽然科斯期待美国联邦法院对商业言论给予和其他类型的言论相同程度保障的愿望迄今未能实现，但他此一期待所侧重的“平衡”取向在美国联邦最高法院的判决中却早已具体呈现，而且过去多年来法院通过诸多判决不断思考和赋予商业言论的自由意义，应该就是科斯所期待的。而后代学者对商业言论所涉及的诸多因素究竟应该如何平衡看待呢？不断进行辩论应不仅是科斯思想观念市场理念的具体实践，也大概合乎科斯期待的发展方向。

无论科斯对言论自由和商业言论自由所提出的主张是否具有足够的说服力，是否获得美国联邦最高法院的认同，无疑思想观念也可以构成市场，思想观念的生产者也应有充分自由。在一个公平的市场上宣扬自己的思想和理念，无碍地推销自己的思想产品，应该也是言论自由研究者公认的道理。相对来说，思想市场也应让消费者可以如同选择其他一般市场上的商品般自由选择要接受何种思想。对于科斯来说，思想市场首先必须是个处于自由竞争状态的市场，既不该任由垄断势力横行，也不该让任何思想观念产品处于无法参与竞争的劣势。在科斯的理念中，让每一个消费者凭借自己的理性去判断思想观念产品的优劣，决定接受哪种类型的思想观念产品，不仅是自由市场的生存之理，也是激发创新潜力的必然途径。

缺乏思想市场

或许，开放而自由的思想市场并不是避免“错误”的思想或观念出现的万灵丹，但从历史经验来看，压抑思想观念的自由流通、不维护思想市场公平竞争的秩序，往往只会导致更坏的结果出现。科斯认为，在一个充分容许思想观念流通和竞争的真正开放的社会里，应该不至于有任何所谓“错误”的思想观念会发挥侵蚀社会基础或威胁社会稳定的影响力，基于这样的基本信念，对于思想观念进行管制或禁绝的做法，对科斯而言都是不理智的。当然，不能忽略的是科斯的理论前提，即“处于公平竞争状态的自由市场”，也就是充分容许任何思想观念流通的真正开放的社会。

即使是在科斯生前的最后著作，也就是 2012 年和王宁合著的《变革中国：市场经济的中国之路》这本书里，科斯在检视中国过去 30 多年的改革开放获得的成果之余，特别在书中以古往今来的历史经验为例，强调目前中国经济在结构上所面临的致命伤，也就是无论是在教育体系中，还是在法律或政治层面，当前都缺乏开放的思想市场。科斯认为，在现代社会里，决定市场经济能否健全运作的信息和知识包罗万象，倘若欠缺思想市场，那么在知识创新的流通应用方面，必然障碍重重。

科斯认为，只要没有自由的思想市场，长期下来必然导致科技创新乏力，甚至也不利于建立和维系一个真正和谐的社会，更不足以重建文化。科斯指出，所谓的“和谐”不是表面上的平静无波这么浅薄的意义，即使是从中文语义的角度思考一番，也可以发现，“和谐”是以“必须有各种不同声音存在的状态”为前提（“谐”由“言”和“皆”两个字组成，意谓人人有言论自由），只有通过不同的声音在市场上互相沟通交流的方式，才能产生和谐。同时，科斯也指出，在当今的世界里，经济生产将变得越来越朝知识密集的形态和方向发展，而商品市场是否能够长期健全发展，事实上必须取决于开放的思想市场的有无（这和弗里德曼的“经济自由和政治自由”两者应同时存在的主张异曲同工）。在科斯心目中，思想观念市场和资本市场及劳动市场一样，也是一个生产要素市场，而这个思想市场必须能使知识得以开拓、分享、累积和应用，无论是新厂商的出现、新产品的开发，还是新产业的出现，其速度都仰赖思想市场的运作。思想市场也会直接影响到商品和服务市场的发展，因为商品市场的运作乃是以“消费者主权”为运作前提，而唯有真正自由无碍的思想市场才足以直接塑造消费者的需求，并决定经济体系中会出现什么样的消费者（以及什么样的企业家、政治家和法律人）。换言之，思想市场会决定消费者、企业家、政治家、法律人等的性格与价值观，甚至最终足以决定商品市场的终极面貌如何，以及商品市场是否能够有效运作。

理想社会还是有着动乱或叛乱风险

科斯进一步指出，政府干预并非思想市场的唯一障碍。从历史上来看，政府选择对于思想观念的形成和传播加以垄断的原因，绝大部分来自对叛乱或动乱的恐惧。不过，科斯认为，对于叛乱或动乱的恐惧，不应该成为封闭思想市场的理由。一个理想的社会，不该是一个完全杜绝叛乱或动乱风险的社会。由于控制叛乱或动乱付出的成本相当高，所以不去消除这些叛乱和动乱，很可能才会使社会处于较佳的状态。在科斯心目中，即使政府大权在握，但对于信息的掌握必然有其限制，不仅数量有限，而且其所获得的信息通常是经过多重过滤和筛选的结果，甚至是带有偏见的信息，与此相对的是，独立于政治力量控制之外的活跃的思想市场才能为决策者提供真实而充分的信息，进而为社会提供不可或缺的制度性保障。再者，若要进一步降低叛乱或动乱所带来的风险，其所涉及的成本往往远高于任何因为控制叛乱或动乱而获致的可能的额外收益。科斯认为，即使政治机器立意良善，但是在由信息不充分带来的误导下，对于人民而言，它往往会带来毁灭性的灾难。科斯认为，即使思想市场并不完美，而且极其脆弱，也能发挥补救官僚统治机器所面临的双重不对称问题的功用。

科斯还特别指出，虽然政治性的审查往往会导致思想市场被压制，成为摧毁思想市场的致命伤，但是推行政治高压政策的政府并不是思想市场的唯一敌人。对于开放的思想市场来说，另一个比较不让人警觉却同等危险的敌人，是人民普遍认为有所谓“颠扑不破的唯一真理存在”这种信念和思考习惯。科斯提醒大家，所有的实证知识都不是颠扑不破的，更不是权威而不可挑战的。相反，科斯认为，知识是不完整的，是暂时性的，也往往只是推测性的，随时都可以修正和补充。所以，除非思想市场的参与者能够真正认识到这个世界上没有绝对真理存在，否则无从维护开放的思想市场正常运作，遑论使此一市场长存。

因此，科斯的提醒是：思想市场之所以重要，在于开放的思想市场所创造出来的是对抗无知和偏执的无止境的斗争空间，在如此的斗争中，真理才有可能展现其真正面貌。再者，没有任何真理会获得永远的胜利，也没有任何权威可以扮演决定何谓真理的唯一决断者。由于犯错是人类的常态，而在追求真理的过程中也无从避免人类的无知，唯有开放的思想市场才是帮助人类尽量接近真理的最佳工具。此外，具备批判思维和愿意挑战权威、同时保持宽容和开放的胸襟的大众，才是“自由的思想观念市场”得以发展的关键因素。

第四章

科斯思想观念的应用

科斯定理并不排斥或否定政府的重要性，而是要政府扮演适当角色，那就是明确产权、保护产权、创造市场、充当公正裁判等职责。在自由民主社会里，科斯的主张是可行的，若配合“人心向善”就更完美了。

科斯在无意间踏入经济学殿堂，而且成为著名经济学家，但他对主流经济学很不满意，称之为“黑板经济学”，于是呼吁离开黑板，走入充满交易成本的现实社会，了解社会真相，解决社会问题。科斯认为张五常最能领会他的思想，而张五常的确以科斯的交易成本、产权理论写了非常多的通俗文章，特别对中国 1978 年年底开展的放权让利改革下了很多功夫，他将 1984—1986 年这方面的文章结集成《卖桔者言》《中国的前途》以及《再论中国》3 本书。本章选择《卖桔者言》中 3 篇文章作为第二节和第三节，分别以“从科斯定理看经济制度”和“科斯的灯塔”为节名，并将张五常在 1981 年为英国经济事务学社撰写的小册子的摘要作为第一节。我也写过好几篇应用科斯理论的文章，兹选出 4 篇成为第四节到第七节，分别是“最佳自然资源使用量的决定——科斯定理的应用”“争‘权’夺利何时了”“‘使用者付费’一定对吗”以及“花香不是香，怎么说”。

从“交易成本”看中国变革

自从邓小平于1978年年底提出门户开放的“放权让利”以来，中国经济制度的去向问题就成为举世瞩目的焦点，各式各样的文章纷纷涌现。中国究竟会如何变革呢？会不断走向市场经济吗？如果真是如此，成功的概率有多大？变革的结果会是怎样？诸如此类的问题众说纷纭，莫衷一是，但可以肯定的一点就是，迄今为止并没有令人十分满意的理论性分析。不过，在那些并不完美的理论中，似乎以交易成本或费用理论来解释制度的运作或转变更加容易为人所接受，因此很值得介绍。

由交易成本理论分析制度的变革

1937年，科斯教授在经典之作《厂商的本质》里提出用交易成本来分析厂商的成因。接着，他在1960年发表的另一篇题为《社会成本的问题》的划时代文章中又以该理论来指出“社会成本”的问题。科斯可说是提出交易成本理论的先驱。1981年，时任中国香港大学经济学系主任的张五常用此理论解释经济制度，他为英国的经济事务学社写了一本小书，分析中国经济制度的转变。

他用下面的一种简单的例子来说明交易成本。卖一磅苹果，种植的人只可得五分钱，消费者却付出两角五分钱，这个两角钱的差额除去运输费用后，即为交易成本。这当然是将交易成本的概念极端简化，事实上，估计和量化交易成本是一件十分困难的工作。

任何经济制度的运作成本都不低，在私有企业里有划分和保护产权的成本，有商议合约的成本，有找寻合约伙伴的成本，也有防止欺骗、协调生产的成本。而在集体所有产权下，资源不能自由转让，也没人可以私享使用权，因而合约成本和防止他人侵犯权益的成本会较低，甚至不存在。虽然对交易成本的衡量困难重重，但无可置疑的是，集体所有产权的交易成本极高。

既然交易成本较大，为何还会进行交易呢？对于这个疑点的合理解释，正是张五常的贡献所在。张五常将广义的交易成本分成两类：一种为运作成本，另一种则为改变成本。最显著者当属信息成本和说服那些因转变而其利益减少的人所需的成本。

假若改变是不需付出代价的，人们必定会采用一个运作成本较低的方案来支配资源的运用。反之，如果改变的代价高昂，则在众多的选择当中，被采用的方案的运作成本并不一定是最低的。在此情况下，若不把改变所需要付出的代价考虑在内，从表面上看，社会是存在浪费的。假若存在另一个运作成本较低的选择，而改变所需的代价也小于运作成本，那么改变就是必然的。

由此一分析我们便能明白，运作成本极高的集体所有产权之所以存在，一定是因为转变的成本过高。

中国经济制度的走向

前面已提过，改变的最显著成本是信息成本和说服那些因转变而导致利益减少的人所需的成本。现在，我们来看看中国的这两种成本是否在不断下降。

我们知道，邓小平毅然决定，打开小门，引进西方思想，虽然这道门未能像大多数西方国家般完全开放，但开小门的结果是人们的眼界开阔了，信息获取的速度加快了。人们不但对外面的世界增加了认识，而且对于自身的运作也有了较为明确的了解。如此一来，转变的信息成本便急速下降，集体所有产权的千疮百孔也就越来越难掩盖了。

中国实施集体所有产权的最终目的在于彻底地消除阶级分歧，但在人数众多的官僚（干部）体系下，这群官僚既得利益分子的薪水高、利益多、生活舒服，他们害怕改革会改变现存的等级权利界定，终而使其优势条件消失，因而他们一定扯改革的后腿。不过，经过几年的变化之后，中国的生存规则就循着下面三个层面逐渐改变。

第一，诠释、追随“正确思想路线”的干部竞争准则已被削弱，于是倘若干部仍继续维持原状，必定要付出较大的代价。政治本领将会带来较少的利益，而且由于准则的改变，干部是否依然拥有竞争优势将变成疑问。即使他们仍然保存若干的竞争优势，也并不足以保证他们可以维持当前偏高的实际收入。

第二，原先干部的高水平实际收入，部分是历史遗留下来的现象。在新政策下，个别干部仍得以维持过去的收入，这主要是因为政府体恤这些新近被“平反”的官员，他们长期以来吃了太多苦头，但这些维持高收入的理由不久亦将消失。就算这些准则保持不变，假以时日，竞争亦将使由政治本领所造成的利益差距大为削减。

第三，现代化计划令人对生产力有新的体验。在以往，生产力完全不以消费者的喜好来评定。如今，追求物质享受已不再是罪行。政府对外汇需求甚殷，甚至以赚取外汇的表现作为评估一些工厂的准则。因此，越来越多干部的实际身份已和市场经济的公司经理无甚分别，而考核他们工作表现的准则也相差不多。

由以上分析可以得知，改革所要付出的代价正在逐渐下降。一方面，一般老百姓获取信息所要支付的费用已减少（譬如，向国外学习的说法已甚为普遍）。另一方面，在中国领导者的坚持门户开放、稳定政治以及增加生产的方针下，游戏的规则已被改变，从而引导导特权阶级去接受改革的成本也下降。由于现在的交易成本极高，而改革所需的交易成本正逐渐下降，因此张五常推断，中国将会接纳一种所有权和使用权相分离的产权结构。至少，劳动力、生产工具、机器、建筑物，甚至土地，将会有不同程度的使用权和转让权。

上面的推论结果，正是在坚持门户开放政策的前提下得出来的，如果此一前提不存在，那将如何呢？对于这个关键问题，张五常认为，若中国要实行现代化的话，就不会把门关起来。关闭大门将会粉碎现代化计划：成千上万的海外留学生将拒绝返回，为游客而建的酒店工程将会停工，外资将会撤出，进一步的合约谈判也将终止，作家及翻译家亦会因殷鉴不远而纷纷设法掩护自己。1957年，在诗意盎然的“百花齐放”方针提出以后不久，那些敢言者便被狠狠惩罚，而黑暗时代也于焉开始。如今邓小平更进一步地让“千花”齐放，若邓小平或其继任者再来一次一百八十度转变，另一场更大的灾祸焉不产生？在另一篇文章里，张五常再以下面5个理由推断中国不会走回“重开大锅饭，巩固铁饭碗，增加阶级特权斗争的老路”：（1）绝大部分的农民与耕地都有了包干合约，走回头路就要解约，政府要失信于民，而解约的代价是极大的；（2）中国的市场虽仍受到多种管制，但稍具规模的市场却已经形成了，这股力量大得惊人，绝非禁止黑市的口号所能压制的，中国是否有足够的不贪污干部去压制被推动了的市场，令人怀疑；（3）外资在中国施展了竞争压力，也增强了不少为外客而设的服务及供应能力，若中国没有充足的资金来以正当途径解散外资，有谁会再与之协商呢？（4）既有的外界信息在中国已有立足之地，若要再加以改变，旧有的口号不管用，新的有效口号也难以发明；（5）中国人民的生活有了改变，要他们放弃既得利益，可能要比干部放弃特权更难。

以上5个理由中的任何一个都难以单独改变，遑论全部改变，因而走回头路是很难了。既然无法再回头，那向前走会是什么道路呢？上文提过，张五常认为极有可能是走“印度之路”，即增加分类管制，让干部各据一官，划分固定的权利。那么为什么会这样呢？

上文也提过，中国要改革，有信息不足和干部不肯放弃特权两种障碍。由于中国的门已开，再关起来的概率并不大，故第一种障碍可以消除。第二种障碍的消除成本虽如上文所言是降低了，但若改革较为缓慢，则干部就会设法霸占贪污的权利，就会鼓吹管制的必要性和好处，一旦各项管制的贪污权利被占了，有了界定之后，河水不犯井水，更大的改进就难了。毕竟在改革中尚有一条分类管制而界定权利的中间道路，若难以走其他两条道路，那中间的“印度之路”算是走定了。

过河卒子，勇往直前

中国经济的改革是一件大事，任何先入为主的意见都没有科学价值，而推论又需要有理论根据。有关经济制度转变的一些理论并不理想，而张五常将交易成本一分为二的解释法可说较为完整贯通，再以现今情况与之印证，的确是相当正确了！

从科斯定理看经济制度

张五常在1984年1月27日写了以下文章，如上文所言，科斯只认定张五常了解其思想，因而保留张五常的全文最合适。张五常是这样写的：

30多年前，在第二次世界大战之后，很多国家都做着经济发展的美梦。自20世纪50年代初期起，关于经济发展的学科可谓“百花齐放”，各种怪论层出不穷。于今回顾，这些理论的无稽令某些经济学者无地自容。但时代毕竟是改变了，以实证支持理论代替了以模型支持美梦。这一个重大的转变，使我们采用一个新的角度去看世界。很多我们从前不明白的事，现在已有了基本的解释。

经验的回顾也应该令某些人无地自容。在当时，苏联有五年计划，印度、柬埔寨、朝鲜等国家都各有各的计划。有些地方，像日本，就没有什么大计。30多年过去了，结果是有目共睹的。到如今，它们在经济增长上的分别，已不需要再辩论。尽管有些理论家仍然在做梦，但在实证上，产权制度对经济发展的决定性已毋庸置疑。

但究竟为什么私有产权与集体所有产权会有差别呢？这问题并不如一般人所想象的那么简单。当然，自由市场所能带来的种种利益，两百多年来经济学者都有很详尽的分析，但一般经济学者——连我自己在内——都不否认在很多情况下，自由市场是有局限性的。另一方面，有些很有分析能力的学者也都曾用多种理论去支持集体所有产权的优越性。

几十年来，有关经济制度比较的课本都认为它们各有所长，亦各有所短。就是到现在，不少课本仍然这么说。实践是检验真理的唯一标准，这句话是对的。但真理究竟是什么呢？长久以来，经济学者绞尽脑汁，也只是一知半解。这一个理论上的困难，到1960年科斯发表了他的《社会成本的问题》之后才露出一线有极大启发力的曙光。

对产权的完整解释

1960年以后，科斯定理不胫而走。到如今，科斯的原文是历来被学者引用次数最多的经典之作。那是一篇博大艰深的文章。20多年来，在科斯的启示下而埋头苦钻的人屈指可数，理论也就因此由深变浅。在这方面有较深入研究的人都说："原来如此，为什么我们从来都想不到？"这一个理论上的突破，给予不同产权制度的经济运作一个基本而完整的解释。这个解释逻辑严谨，令人叹服。

假如有两块相连的地，一块畜牧者用以养牛，另一块耕耘者用以种麦，但畜牧者所养的牛群却常越界到麦地去吃麦。牛吃了麦会使牛肉价值增加，但种麦者却受了损失。畜牧者见自己的牛群得益，当然是希望对麦地受到的损害置之不理。但若牛群可在麦地乱吃一通，那么在边际上（牛吃麦的分量），麦地所损失的价值一定会大过牛的增值。在边际上，畜牧对社会所产生的贡献就会大于牛群增值对社会的贡献，这两块地的生产总净值也会减少。问题是，要增加生产的总净值，畜牧者是否应该补偿种麦者的损失？政府是否应该用抽税的方式减少牛群的数量甚至禁止畜牧者在该地养牛？

我们也可以问，政府是否应该将这两块地收归国有，然后雇请最优秀的专家去决定放牧地区及麦地的大小，用栏杆将牛群隔开，将总收入以最合理的方法分给养牛及种麦的人？如果要在经济立场上予以支持，我认为这一个问题问得最有意义。

科斯所问的是，究竟畜牧者有没有权利让牛群到麦地上去吃麦？他在这个问题的答案上用了两个相反的假设，但竟然只能得到相同的经济效果——这就成了举世闻名的科斯定理。

边际收益等于边际损失

科斯的第一个假设是一般人都认为很自然的假设——畜牧者并没有权利让牛群吃麦。换言之，种麦的收成是耕耘者的私有财产。在这个情形下，牛群吃麦是可以的，但耕耘者却有权收取费用。若畜牧者认为所要付出的费用（价钱）不值，他就会约束牛群的行为，例如用栏杆将牛群隔开。但栏杆应被建造在哪里呢？答案是并不一定在两块地的交界处。

在边际上，假若牛群吃麦所得的增值是大于麦的损失，那么只要市场的交易成本不太高，畜牧者与耕耘者就可互订合约，吃麦多少以市价而定。耕耘者得到市价的补偿，就乐意接受麦的损失。但若牛群吃的麦的增值在边际上小于麦的损失，那么畜牧者就不愿意付出牛群多吃的麦的市价。栏杆的位置（或约束牛群的程度）还是以吃的麦的市价而定。那就是说，在互订合约的情况下，栏杆会被建造在多吃一点麦对牛群的增值与麦的损害在边际上相等之处。边际上的收益等于边际上的损害，两块地的生产总净值就会是最高的。

根据最高生产总净值分配资源

科斯紧接着做了一个相反的假设，这就是牛群吃麦的权利在畜牧者的手上。那就是说，虽然耕耘者可在自己的地上种麦，但牛吃麦的权利却是属于畜牧者的。在这个假设下，牛吃麦的分量是否比第一个假设有所增加呢？科斯的答案是不会的。这是因为虽然畜牧者有权让牛群免费吃麦，但耕耘者可将麦的市价付给畜牧者，使畜牧者能有利地在边际上约束牛群的行为。

那就是说，若牛吃麦的边际增值大于麦的市值损失，那么耕耘者就不可能以市价阻止牛吃麦，即既然在边际上麦的损失小于牛的增值，让牛多吃点麦是会增加社会生产的总净值的。但若在边际上牛吃麦的增值小于麦的损失，则耕耘者大可以以损失的市值付给畜牧者，要后者去减少牛对麦的损失。畜牧者既然看到收了一点钱而在边际上约束牛群的行为使他的收入有所增加，当然也乐意遵命。在互订合约下，栏杆位置的选择恰恰跟第一个相反的权利假设相同——在边际上，牛群吃麦的增值跟麦的损失相等。两块地的生产总净值也会是最高的。

财产界定使市场发挥最大功能

科斯定理的主旨就是，不管权利属于谁，只要清楚地将权利予以界定，市场的运作能力便会应运而生，权利的买卖者互订合约能使资源的使用达到最高的生产总净值。这总净值的衡量不是由政府随意加减的，而是依消费者的喜好和其所愿意付出的代价来体现的。当然，在以上畜牧和耕耘的例子——或任何资源使用的例子中，权利属于谁会影响财富的分配，而分配不同可能对资源的使用也有间接的效果，但单在运用资源为社会做出最大收益的问题上，科斯定理是无懈可击的。

在科斯的《社会成本的问题》一文中，科斯定理只不过是一个小贡献。重要的贡献就是，科斯将该定理引申到有交易成本（非生产成本）的情况。要将交易成本的演变在报纸上向读者解释极其不易，因为这题目实在艰深，但我仍可用一些较肤浅的例子来让读者稍知大概。

假若在清楚地界定财产的情况下，畜牧者跟耕耘者在讨价还价上发生问题，或者在牛群吃麦多少的量度上发生纠纷，那么以市价买卖的普通合约就难以达成协议。但既然资源运用的利害是私人的事，他们双方大可利用一些交易成本较低而生产效率也较低的合约方式成交。例如，他们可以商议租用麦地的面积而不计麦的数量损失；或者他们也可以合股经营，以分账的方法处理。

又假如比起麦地所受的损失，建造栏杆的成本过高，管制牛吃麦的成本就不合算。但在财产确定的情况下，任何一方都可将另一方的地全部租下来或买下来。有了这个安排，两块地可能全部用来种麦或全部养牛，两者的选择就会由哪一种用途的生产总净值为高决定。当然，因为交易或非生产成本而引起的各种安排，两块地的生产总净值一定会比没有交易成本低。但在财产确定的情况下，选择的结果必定是基于尽量减少交易成本，争取在这些成本存在的限制下得到最大收益。

无法做最有效的抉择的情况

现在让我们假设，政府将以上提及的两块地收归国有，让专家做决策，情况又会怎样呢？第一，在此情况下将没有市价的存在。牛群的增值多少或麦的损失多少用什么标准来决定呢？专家可不能代表吃肉或吃麦的人的口味。第二，假若要建造栏杆，位置从何而定？专家选错了位置会受到什么责罚？而有什么准则可以断定栏杆的位置是对了或是错了？第三，若建造栏杆的费用高，专家要用什么准则来衡量这费用是过高或是不合算？第四，畜牧者及耕耘者的劳动力要用什么方法奖励？用牛？用麦？抑或用其他非物质的方法？奖励的多少又由谁来做决定？第五，又要怎样计算专家的劳动力才能保障生产的增加？我们又要用什么方法去分别“专家”与“非专家”？

在这篇文章里，我引用科斯的畜牧及耕耘的例子的主要原因就是牛群会走动，不容易控制。这一个特征加强了界定及保障财产的难度，也增加了讨价还价及议定合约的成本。我采用一个在私产下交易（非生产）成本较大的例子就是要去强调私产的弱点。假若牛群像蔬菜一样，不会走动，交易成本将会较少，私产较易施行，但决定资源的使用及财富分配的经济问题仍是存在的。

交易和非生产成本决定优劣

经济进展的快慢就是在于哪一种方法可以在生产上获得较高的总净值。引申到交易或非生产成本的问题上，这总净值当然也要减去这些成本的。就是在畜牧及耕耘的例子——一个财产权不易界定的例子中，我们也可见到在什么情况下提高总净值会更困难，这是因为在不同财产权下的交易（非生产）成本占生产价值的比重有明显的差异。

科斯定理最大的贡献是提醒我们，在实践上分析经济制度，一定要考虑到那些可见的交易或非生产的成本。我们 20 多年来的研究使得实证资料堆积如山，我们所得到的一个主要结论就是：只有在财产权确定的情况下，人类才会为了自利设法将这些成本尽量降低。这是从科斯的理论所演变出来的对经济制度的最大贡献。

科斯的灯塔

张五常在1984年3月6日写《灯塔的故事》一文，他是这样写的：

灯塔是经济学上的一个里程碑。一提起这个诗意盎然的例子，经济学者都知道所指的是收费的困难，这种困难令灯塔成为一种非政府亲力亲为不可的服务。

远在1848年，英国的经济学家穆勒对灯塔就有如下的分析——要使航海安全，灯塔的建造及维修就需要政府的亲力亲为。虽然海中的船只可从灯塔的指引中得益，但若要收取费用，就不能办到。除非政府用强迫抽税的方法，否则灯塔就会因无私利可图，以至无人建造。

1883年，西奇维克（H. Sidgwick）将穆勒的论点加以推广——在好几种情况下，以市场收费来鼓励服务供应的观点是大错特错的，首要的情况就是某些对社会有益的服务，供应者无法向那些需要服务而又愿意付价的人收费。例如，一座建在适当地点的灯塔使船的航行得益，但却难以向船只收取费用。

经济学上重要的一课

到了1938年，庇古当然也不肯放过“灯塔”。庇古是以分析私人与社会成本（或收益）的分离而支持政府干预的首要人物，灯塔的例子正中他的下怀。庇古认为，既然在技术上难以向船只收取费用，那么灯塔若是私营的话，私人的收益在边际上必定会低于灯塔对社会贡献的利益。在这种情况下，政府建造灯塔是必需的。

以上提及的市场“失灵”而支持政府干预的论调，在经济学上是重要的一课。在这里有必要指出的是，这些学者并不反对提供服务的人向服务的使用者收取费用，正相反，他们一致认为收费符合经济原则，因此是理所当然的。他们也一致认为市价是一个极其重要的供应指引，但在灯塔的例子中，困难就是要收钱也收不到。在黑暗中，航行的船只大可以“偷看”灯塔的指导射灯，避开礁石，然后逃之夭夭。

免费午餐吃不了多久

细想之下，某些经济学者的好心肠，实在是世间少有。对那些愿意付价而逃避付价的人，这些学者竟要政府为他们增加服务。那么对那些在饭店白吃而不付账的人，经济学者是否要政府为他们大摆筵席呢？在这一个尴尬的问题上，穆勒实在比西奇维克及庇古高明得多。穆勒的主张是要政府向用灯塔的船只强迫收费，但庇古一派却慷他人之慨，不管灯塔的费用应从何而来。假若不付钱就会得到政府的供应，而政府的供应是由一般税收所支持，那么还有什么人会在任何市场上付价呢？免费的午餐又吃得了多久？

1964 年，灯塔的例子到了萨缪尔森的手上，市场的“失灵”就一分为二。依萨缪尔森之见，灯塔难以收费是一个问题，但就算容易收费，他也认为在经济原则上是不应该收费的。所以灯塔应由政府建造并不仅是因为私营会有收费的困难而已。支持第二个观点的理论是基于一个叫作“公共物品”的概念——这个概念源自林达尔（E. R. Lindahl），1953年，萨缪尔森以精湛的文章加以发扬。(public good这名词容易引人误解，本身大有问题。其实，中文一向译作“公共财”更是错上加错。下文将有解释。)

灯塔不收费的理论

灯塔的服务是公共物品的一个好例子。塔中的灯亮了，很多船只都可以一起因灯塔的指引得益。当一条船用灯塔的时候，它一点也没有阻碍其他的船只去共享同一座灯塔——这就是公共物品的特征。在这个情况下，灯塔既然亮了，要服务多一条船的费用毫无增加。也就是说，要服务在“边际”的船只的费用是零。假若灯塔要收费，那就会阻吓某些船只对灯塔的自由使用，这对社会是有损害的。既然多服务一条船的费用毫无增加（额外费用是零），为社会利益计，灯塔就不该收费。但若不收费，私营的灯塔就非亏大本不可。所以灯塔或其他类似的公共物品，是应由政府免费供应的。

萨缪尔森对公共物品的解释

在支持政府干预的经济理论中，公共物品占了一个极其重要的地位。让我不厌其详地引用萨缪尔森本人的话，向读者再解释一次——在灯塔的例子中值得我们注意的是，灯塔的经营者不能向得益的船只收取费用，这使灯塔宜于被作为一种公共事业（萨缪尔森在这里用 public good 一词误导了读者，因为这里所指的并不是公共物品的特征），但就算是灯塔的经营者以雷达侦察的方法，成功地向每一条船收取费用，为了社会利益，要像私人物品（萨缪尔森用 private good 一词，再加误导）那样以市价收费并不一定是理想的。为什么呢？因为对社会而言，向多一条船只收取的额外费用等于零（这才是公共物品 public good 的特征，跟难收费是两件事。萨缪尔森是公共物品一词的创始人，他在这段文字中把这词用得太早了，以至误导。中文译为公共财，很可能是因为被这段文字误导）。因此，任何船只被任何收费阻吓而不用灯塔的服务，对社会都是一个损失——虽然这收费仅足以维持灯塔的经营费用。假若灯塔对社会是有所值的，那么一个比较高深的理论可以证明对社会有益的服务应该是免费供应的。

广告时间是变相收费

我认为在支持政府干预的各种理论中，公共物品的例子最艰深。电视节目也是公共物品的一个典型例子。任何一个人看电视都不妨碍其他人家看电视，让多一个人看电视的额外节目费用也是等于零。我们看私营的电视台是要付费的——看广告的时间就是费用。同样的节目若没有广告会较好看。但有谁会认为私营的电视台比不上政府经营的？话虽如此，我们不能将萨缪尔森的理论置诸度外。萨缪尔森是顶尖的经济理论家，获诺贝尔奖是实至名归。

至于收费困难的问题，我们不妨问："既然蜜蜂的服务及花中蜜浆的供应都是以市价成交，那灯塔究竟是怎么一回事？"

张五常在1984年3月16日发表的《科斯的灯塔》一文中，对这个问题做了交代。张五常写道：

在我所认识的经济学者中，观点和我最相近的是科斯。他和我都强调："若不知道事实的真相，就很难用理论去解释事实。"这个观点牵涉了很广泛的科学方法论——持有不同观点的学者大不乏人。纯以方法论的角度去评理，谁是谁非并不简单，但这不太重要。从实践研究的角度来衡量，科斯和我一向喜欢追查数字资料以外的事实的作风，这在行内是比较例外的。

1969年春天，科斯和我被邀请到加拿大的温哥华大学（UBC）参加一个渔业经济讨论会。除了我们以外，被邀请的都是世界知名的渔业经济专家。我被邀请的原因，是我刚发表了《佃农理论》，而船主与被雇用的捕鱼劳动力是以"佃农"的形式分账的。科斯呢？要谈产权问题，少了他就总是美中不足。

在那时，科斯和我都是渔业的门外汉。赴会的前一个月，我到芝加哥大学图书馆借了大约两尺高有关渔业的书籍，做点功课。科斯知我"秘密练功"，就叫女秘书把我看过的书拿去，也修炼起来。但时间不多，我们只得一知半解就硬着头皮赴会。

三招两式放言无忌

会议在该大学的一间古色古香的小房子里举行，仰望雪山，俯视碧海。大家坐下来，寒暄几句，仍未开锣，有一个站在窗旁的人突然宣布海上有艘刺网渔船（Gillnetter），在场的人都一起涌到窗前观看。我和科斯被吓了一跳，内心都在想，渔业专家怎可能没有见过刺网渔船！于是我们对自己学了不久的三招两式信心大增，而对开会时的讨论就再没有什么顾忌了。

几天的会议结束之后，科斯和我一起从温哥华驾车到西雅图。在途中，我们再谈那多年来我们常谈的事——事实知识对经济学的重要性。我们认为很多经济学者所要“解释”的现象都是无中生有，到头来只是枉费心思。在这个行程中，他告诉我，他曾听说蜜蜂的服务是有市价的——3年之后，我做了一个蜜蜂与果树的实地调查，在1973年发表了《蜜蜂的神话》。他也告诉我，他听说在英国有一个私营灯塔的人发达了——后来他自己在1974年发表了《经济学上的灯塔》(The Lighthouse in Economics)。

科斯所调查的是英国早期的灯塔制度。17世纪之前，灯塔在英国是不见经传的。17世纪初期，领港公会（Trinity House）建造了两座灯塔。这个历史悠久的公会起初是由海员组成的，后来政府授以其权力，便逐渐成为隶属政府的机构，专门管理航海事宜。虽然领港公会有特权建灯塔，向船只征收费用，但这公会却不愿意在灯塔上投资。1610—1675年，领港公会没有建造一个新的灯塔，但在同期，私人的投资却建了10座灯塔。

私营灯塔也能收费

要避开领港公会的特权而建造灯塔，私营的投资者就须向政府申请特权，准许他们向船只收费。这申请手续是要多个船主联名签字，说明灯塔的建造对他们有益，并表示愿意付“过路钱”。灯塔建成后，这过路钱是由代理人收取的。一个代理人可能替几座灯塔收费，而这代理人往往是海关的公务员。

过路钱的高低是由船只的大小及航程上经过的灯塔多少而定。船入了港口，停泊了，收费就按照船的来程，数它经过的灯塔的数量而收费。到后来，不同航程的不同灯塔费用，就印在小册子上了。

这些私营的灯塔都是向政府租用地权而建造的。租约期满后，就多由政府收回让领港公会经营。到了1820年，英国私营的灯塔只剩22座，而由领港公会经营的是24座。但在这总共46座灯塔中，34座是私人建造的。1820年之后，领港公会开始收购私营的灯塔。到了1834年，在总数56座灯塔中，领港公会管理24座。两年之后，政府通过法例，要领港公会将其余的私营灯塔逐步全部收购。1842年之后，英国就再也没有私营的灯塔了。

英国政府在当时解释，收购私营灯塔的原因不是收费有困难，而是政府认为私营收费太高。政府收购灯塔的价格，显然是依地点及租约年期而定。四座灯塔的最高收购价是12.5万~44.5万英镑。这些都是很大的数字——1836年的1英镑，大约等于现在（1984 年）的 30～40 美元。

从以上科斯调查所得的结果中，我们可见一般经济学者认为私营灯塔是无从收费或无利可图的观点是错误的。但问题也并不是这样简单，我们要问，假若政府不许以特权，私营收费能否办到？这问题科斯似乎是忽略了。

过门不入的机会不多

假如有人在一个适宜建灯塔的地方买了或租了一块地，在将建造灯塔的圆满计划写了报告书后就跑去找船主，要他们签约，同意付买路钱。签了约的船主在得到灯塔的服务后，当然就要依约缴款，否则会惹起官司。但有多少个船主肯签约？不签约而用灯塔的船只怎么对付？科斯在文章内提及船主联名签字申请的步骤，但究竟有百分之几的船主把名字签上了？不签字而又用灯塔的又有多少呢？当然，在英国当时的制度下，所有进入港口的船只都是要交费的。船主签字只是协助私营者申请特权，特权批准之后，不签字的船只也要交买路钱。没有这特权，收费的困难又是什么呢？

我认为，在灯塔的例子中，收费的困难有两种，而经济学者——连科斯在内——都把这两种困难混淆起来，以至分析起来模糊不清。第一种就是船只可能“偷看”灯塔的指引，或是看了而不认。在事实上，以灯塔为例，这类困难显然并不严重——萨缪尔森等人都估计错了。只要船只进入港口，在航线上显然是经过灯塔，要否认曾利用灯塔是不易的。但经过有灯塔的航线而不进入港口的船只，就会有这第一种收费的困难，这一点科斯是清楚地指出了的。过港口之门而不入的船只显然不多，所以在灯塔的例子中，第一种的收费困难不重要。

专利权可以拒搭便车

第二种收费困难，就是船只既不“偷看”，也不否认灯塔对其带来的利益，但就是不肯付钱（希望其他船只付钱，有了灯塔后，自己可以免费享用）。换言之，某些船只要“搭顺风车”(free rider)。虽然科斯在他灯塔的文章内没有分析那要“搭顺风车”而引起的收费困难，但他的宝贵资料却显示了这类困难的存在。我主要的证据就是，政府给予私营灯塔的特权是一个专利权(patent)，意味着每一艘用过灯塔的船都要交费。这种利卖权通常是赐给发明者的，虽然灯塔的建造者并没有发明什么。

因“搭顺风车”的行为而产生的收费困难，在经济学上不仅有名，而且从来也没有人能提出在私营情况下的有效解决办法。读科斯的《经济学上的灯塔》一文，我领悟了一个颇为重要的见解——专利权对压制“搭顺风车”的行为具有奇效！

最佳自然资源使用量的决定——科斯定理的应用

资源有限，有效率使用

一般来说，那些通用的基本经济学教科书在一开始就告诉我们，“资源有限”“人的欲望无穷”，于是经济学才应运而生，也因而经济学理就在分析“人的选择行为”。在这其中所涉及的也就是“稀缺”（scarcity）这个特性，它是指相对于人的欲望而言，资源是稀少的，即我们必须支付“代价”。当然，基本经济学中也并不否认在某个时候总有“取之不尽、用之不竭”的资源，但这也就是不必支付代价的“物品”。为了做严格区分，于是有了“经济财”和“自由财”之称谓，前者指有代价的财货，后者则是免费的。截至目前，“空气”“阳光”和“水”三种人类必需品，相对而言都还倾向于自由财。不过，跟以前相比，连这三种本是“自然存在且取用不尽”的资源，也逐渐地必须支付代价，由缴纳水费是如今司空见惯的事情即可见一斑。

连这三种资源都已逐渐变为稀少了，更遑论其他资源！但是，我们也不要忘了，经济学中稀少性的真义是“有代价的”，也就是供给相对于需求是稀少的，因而才要付出代价。对于那些没有被人所需求的物品，即使其数量并不多甚至绝对量很少，也不能称之为“稀缺”。在这样的定义下，晚近问世的一些著作，对于“稀缺”的批评就显得有些牛头不对马嘴了，例如皮尔泽（Paul Zane Pilzer）在 1990 年出版的《点石成金》（*Unlimited*

Wealth），就以“技术进步无穷尽”（该书中称为“经济炼金术”）来否认人世间存有稀缺；而史库森（Mark Skousen）在 1991 年著作的《大审判》（*Economics on Trial*）一书一开头就以实际社会中的商店堆满了货物，以及个人对某一种商品总有某一限量需求量，以至东西会有剩余，来驳斥稀缺假说。这两位作者所批判的“稀缺”，实在并非本文开头所定义的基本经济学里的稀缺，何况若将时效无限延伸，深不可测的人类欲望还是有可能远超过炼金术的进展的。话虽如此，这两本书的作者却也无意中透露了一项重要信息，那就是通过技术的进步，资源的使用及创造很可能永无止境。

相对于这种乐观的看法，却早有另一种极端的悲观论调出现，我们就以 1972 年春季问世的《增长的极限》（*The Limits to Growth*）来说吧！罗马俱乐部（The Club of Rome）的作者群就以计量模型估算出资源耗竭的时日，这曾给世人带来巨大的震撼力。机缘巧合的是，1973 年第一次石油危机发生时，更加深了世人的恐惧感。此后讨论自然资源和环境危机的著作、会议就如雨后春笋般涌现。虽然罗马俱乐部不久之后再出版另一本书修正原先那么悲观的论调，但对环境和自然资源的关心却已经散布在人世间，而环境经济学、资源经济学也普遍受到重视，甚至蓬勃发展了。直到现在，对环境资源各抱持悲观和乐观两种极端论者仍为数不少，乐观者如上所引两本书之作者；悲观者甚至引述老子《道德经》及热力学中的“能趋疲”定律，来强调“民胞物与”“对天地万物无私”才能“永续发展”，旨在告诫世人要珍惜万物（包括植物、动物等等所有物种）才能成就世代人的永生。这种分析法似乎又推翻了基本经济学里“自利”（self-interest）的假说。其实经由另一种分析又可保住这种假说（见台湾中华经济研究院《经济前瞻》双月刊，1993 年 4 月 1 日第 30 号张清溪的文章），此非本文主题，此处不予再论。

无论如何，只要人还存活在地球上，环境资源的讨论就会持续下去，不论何种观点都能言之成理，也当然难以判定对错。不过，这些辩论的一个共同点是：都承认自然资源已成为人类的重要课题。而它们之所以重要，就是人类终于“明显”地必须支付代价了。以经济分析的角度看，其实就是简单地显示，自然资源的供需变动已达到“正价格”解值的时候了。一个重要问题是：价格机制的运作能够避免自然资源的消失吗？能否得到“适当”的用量而使自然资源生生不息呢？这个问题在《孟子》中的“斧斤以时入山林，材木不可胜用也”的主张里似乎有所体现——原来早在那么久远的时代，就已经有答案了！不过，经过这么多风风雨雨的世代，似乎这个问题也仍然只停留在理念的境地，谁也无法提出一个说服所有人的“标准”而“切实可行”的方案，也只能在“效率”（惜用）、“强制保护”等层次上绕圈圈。

外部性、社会成本的出现

在基本经济学的发展上，很明显且严谨地将自然资源（或环境）课题纳入，大约始自 1920 年庇古的《福利经济学》一书。

他发现一般生产行为在使用生产因素（包括自然资源）时，对自然资源会造成破坏（如污染空气、水源），进而减少生产者以外其他人的福利。如此一来，“外部性”和“社会成本”这些名词就进到经济分析领域，于是将当时“任由市场机制运作可以达到最大社会效率水准”的准则推翻了。虽然这种外部性争论原先似乎只在意资源使用效率到底是任由市场操作还是必须有人为干预才对社会最佳，但似乎也早已明显地警示人类，由于生产方式的不断改变，自然资源已经不再是“无穷无尽”的自由财了，而且人类会在“生产”和“消费”两种用途上面临取舍。我们知道，这个课题从广义来说涉及时间，但若要将所有的因素统统纳入则可能是无解的，比较实在的还是采取“短视”的做法，将主题限于现代人的幸福以及现时资源的有效率使用。

经由如此的限定后，解决外部性课题也就等于解决“社会

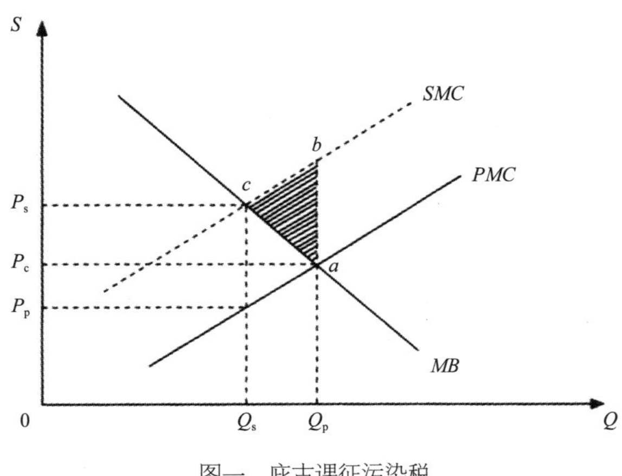

图一 庇古课征污染税

最有效率资源使用量”如何决定的问题。由于资源使用必须附着于生产方式，因而这个话题也是求取最佳生产量的课题。在庇古的眼里，“外部成本”必须“内化”给行为人（生产者），于是经由对生产者课征等于外部成本数量的税，就可得到社会的最佳生产量或资源最佳使用量，情况如图一所示。如果任由市场机制运作，生产者只会计入自己的成本，而私人边际成本线（*PMC*）就是该产业的供给线，它与需求线 *MB*（边际收益线）的交点即可决定均衡产量 Q_p 和价格 P_c。但因在 Q_p 产量时，该单位产量产生了 *ab* 数量的外部成本，对于社会而言，效率点应是社会边际成本（私人成本加上外部成本）线 *SMC* 和 *MB* 线的交点 *c*，如果不将外部成本内化，全社会将有 *abc* 这么多的“无谓损失”。庇古认为（也是一般人的想法），应由政府出面从事对生产者课征等于外部成本的税，来达到社会均衡点 *c* 的任务，结果是产量减少而产品价格提升，但社会效率点却达到了。这个时候，即使政府能正确估出外部成本数额，且有能力强征税收，消费者仍须负担 P_cP_s 这个部分的税收，生产者和消费者两者所分摊税收的数额大小，视需求线的价格弹性而定。因此，由政府出面课税解决污染而得到最佳资源耗用量，产品的生产者和消费者都将分担费用，这与“使用（资源）者付费”原则是相符的，毕竟生产者是直接使用者，而消费者（可能是也可能不是受污染居民）是间接使用者。如果政府将所课的税用来“补偿”受污染居民所受的损害，结局似乎就很完满了。

不过，这种办法却有难题存在：先是外部成本难估，其次是生产者也许“游说”政府官员来低估外部成本，再来是政府为何认定空气（即资源）的产权属于居民？如果产权属于生产者，而居民愿意付费给生产者使其减产甚至关厂又如何？这些盲点的修正可用“科斯定理”达成。依科斯定理所推演的方法，就是政府出面当中间人，或是设立法庭，而后召集两边当事人进行协商，无论产权判给哪一边，只要明确，则最佳产量和价格都是一样的，这个方法也就是政府负责“创造”市场以及决定产权归属，而后交由市场机制去运作。

设定明确污染权

我们可由图二来说明，图中 *MB* 和 *MC* 与图一相同，最优解也是相同的，区别所在是图一由政府主导，但很难达到这个最优解，图二则由两边当事人自行协商，较可能得到该值。如果政府将污染权判给居民，则生产者将生产到图二中 c 点，产量为 Q，在此产量之前，生产者补偿居民的索赔之后仍有剩余，而 Q 之后则得不偿失，于是生产者不会将产量扩大到超过 Q 点，图中的斜线面积是净利益，视双方谈判协商能力的高低而决定谁分得多。相对的，若政府将污染权判给生产者，由于小于 Q 点时，居民只愿付给厂商 *MC* 线内的费用以要求厂商生产某一数量，而厂商的生产却能得到 *MB* 线内的好处，因而居民付不出要求厂商生产小于 Q 点产量的应有费用；而一旦产量超过 Q 点，居民就愿意支付 *MC* 与 *MB* 间的费用而要求厂商减产，直至到达 Q 点产量为止。因此，应用科斯定理，市场机制又能复活，从而使产量达到最佳社会效率点，而最佳资源使用量也自然可以得到了。

科斯定理的先决条件是“结合”双方当事人的交易成本必须等于零或极小”，而现实社会里，单是组织犹如一盘散沙的居民就非常困难了，遑论促使谈判顺利进行！因而似乎该法只是纸上谈兵的“理想”而已。不过，若进一步去想，污染问题之所以成为社会问题，环保运动之所以出现而须予以正视，就是已经有团体组织出现，那么不就是显示，当必须解决此问题时，交易成本已经很低了吗？鹿港杜邦事件、林园事件、贡寮核四厂事件都可为例证。所以，科斯定理在我们这里以及其他类似情况的地方之无法应用，关键恐怕不在于交易成本太高，而是在于当局既是“裁判”又兼“球员”的双重身份，以至公权力沦丧！

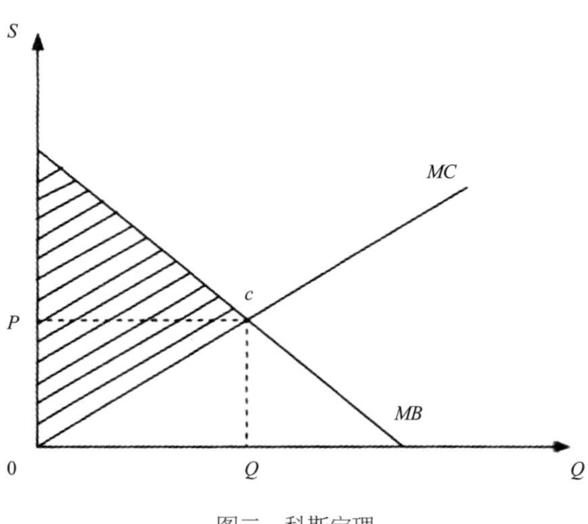

图二　科斯定理

争“权”夺利何时了

2003年，台湾发生多起类似的产权纠纷案件，有的难以判定产权谁属，有的是财产被侵占而兴讼，有的虽是私产却面临被强制不准使用，而有的竟然自愿将私产当作公产……面对这样层出不穷的争权夺利，“利他者”心态或许是另一个思考方向。

2003年中一连数月，台湾发生多起类似且备受瞩目的案例。

产权纠纷层出不穷

例一，6月12日新闻报导，台南县新营市三兴街一百七十三巷共8户人家，因出入巷口为私人土地，4年前王姓地主准备盖房子而发生诉讼，法院判决住户有通行权，地主建屋不成还要负担土地税，于是提起侵权民事赔偿。最终，台南地院认定使用就应付费，于是判决该8户人家应给付以往16年来的通行费，每户23万元，今后8户每年共需付2.1万元通行费，直至停止通行。

例二，7月28日新闻报导，台北市青田街的狭小巷弄中有一片绿荫，不久前因为有住户修剪自家树木，引发居民齐心护树，进而发起“爱青田、救老树”活动，希望当地文化局等相关单位尽速制定树木保护法执行细则及修剪准则。也就是说，即使是种在自家土地的树木，屋主也不能自由修剪。

例三，也是发生在7月底，台湾苗栗县竹南镇龙凤里有一口百年的埤塘，因为当局施工不当，造成埤塘成为死水池，鱼虾死亡、水质污染，而大人、小孩也都失去了夏天嬉戏的场所。于是当地的有心人士（包括两位妙龄女郎及小孩），近乎裸体入埤抗议，希望找回纯净的百年埤塘。

例四，8 月 20 日，桃园地检署侦办一起牛只窃案纷争。据了解，新屋农民彭某于 2001 年 9 月发现，其所饲养的牛只在一个上午有 10 多头遭窃，其中 1 头 1 岁多取名“爱爱”的牛是他特别钟爱的，这让他心疼不已，也导致彭某时常开车四处找寻。2002 年 12 月，彭某在大园乡一处农田发现 1 头黄牛颇像“爱爱”，他停车观看，而该头牛也不断扬头、甩尾且朝他叫，明显认得他。于是彭某报警处理，最后警方与两位饲主协商，决定由彭某将该头牛带回保管。但最后这位黄姓饲主否认偷牛，也表示不知该头牛是赃物，于是循线找出当初买卖交易者，哪知前前后后共有 10 余名饲主，人人表示自己是养牛者，检察官侦讯了半天，难以判定谁才是黄牛的真正主人。

例五，9 月中旬新闻报导，高雄县冈山镇有一对蔡姓企业家，夫妇为解决邻居出入不便问题，分别买地或提供自己的土地供邻居通行或开辟溪畔园道，并且时常出资铺路、开水沟，乐善好施却行事低调。

利他者共创现代桃花源

这 5 个案例尽管看似各有特色，其实有一个共同点，即都与产权有关，有的难以判定产权属于谁，有的因为私权被侵占而兴讼，有的私产却面临被强制不能自由使用，而有的竟然自愿将私产大方作为公产。

关于例四中的黄牛到底属于谁的案子，记得小时候曾看到两位妇人争子的故事，聪明的判官急中生智，提出“将小孩剖成两半，一人分一半”的建议，结果有位妇女表示若要如此做，她将忍痛放弃，最后判官却将小孩判给她，因为“母子连心”在此妇人身上看得到啊！不知桃园检察官有没有想到这则应该算是广为人知的古代案例？也许可以获得很好的启示。

关于例二和例三，都是明显的私产遭受侵犯的例子，一是受到街坊邻居强烈要求，而且这些民众还要求并付诸行动要当局出面来管制，方法是通过法律法规限制私人行使对自己财产的使用权。另一个例子是当局“无意间”侵犯了私产，用经济学的语言来说，就是出现了“负的外部效果”，因为当局施工不当，对于地方民众的权益产生不利，而民众屡次陈情无效，于是借由荒谬的半裸体的抗议方式引来各家媒体之报导，终于形成一股有效的无形压力，让事情立即获得当局的注意而有解决的可能。

例一的情况是私产拥有者遭到侵犯，过了一段时日才发觉，而为保卫私产将侵权者告上相关机构。问题的症结在于侵占者是“无知的”，即这些人不是有意侵占，如今惹上官司才发觉事态严重，想一想自己也好似无辜受害者，他们是否要为自己的疏忽而付出代价呢？

至于例五的情况，当然不必多说，私产拥有者大方地放弃私利而造福地方民众，不但没有纷争出现，而且得到众多人的赞美，博得善名，营造了乡里的和谐气氛。如果这位乐善好施者的行为能广为传播，其他的个案也不会发生，结果会是：台北市青田街的街坊民众不必烦劳当局出面管制，那户剪树的人家会在邻人告知情况后，就自动地与众人协商出一种好方法来让大家都很满意、高兴；例一的地主会大方地让邻居有巷道可以自由通行，也当然不会有赔偿金的事了；例四的这头牛，在大伙儿相互谦让下，最后归给最爱护且最需要这头牛的农民；至于例三，也当然不待众怒抗议，当局在接到反映后就即刻善后，不会让伤害行为继续出现。

这样的大同景象，不正是“桃花源”的美丽境界吗？不也是凡间人民梦寐以求的吗？可不可能达成呢？我想绝大部分的读者会回答：“不可能！”可是例五不就是活生生的例子吗？问题就在：这类好心肠的“利他者”有多少？能不能将这种利他心广为传播？回到纷争处处的实际世界来，“自私自利”似乎已被认为是常态，古时候，“人不为己，天诛地灭”不就是座右铭了吗？因此，要推动例五蔡姓企业家的善举，的确是很难，但，很难就该双手一摊而放弃吗？是不是可以人人由自己做起，日常生活中为别人多想一想，多多帮助人家，社会风气在无形中就可以很快地改过来了呢？或许能使“人‘不’为己，天诛地灭”返还“人‘若’为己，天诛地灭”的本色呢！心动不如行动！大家赶紧付诸行动，早日将“争权夺利”的恶习赶走吧！

“使用者付费”一定对吗

当“使用者付费”原则成为法官的判决依据、舆论认同的标准时，我们必须反思，争议问题本身是否真正得到了心平气和的解决呢？社会福祉是否真正达到了最大呢？

2003年6月12日，台湾《联合报》A10版有一则新闻：台南县新营市三兴街一百七十三巷共8户人家，因出入巷口为私人土地，4年前王姓地主准备盖房子而发生诉讼，法院判决住户有通行权，地主建屋不成还要负担土地税，于是提起侵权民事赔偿。最终，台南地院认定使用就应付费，于是判决该8户人家应给付以往16年来的通行费，每户23万元，今后8户每年共需付2.1万元通行费，直至停止通行。

使用者付费 vs. 社会最大福祉

台南地院的判决是依“使用者付费”原则，想当然必会得到舆论的普遍认同。不过，这8户人家却觉得颇为委屈，他们说这项宣判等于宣告了他们房子的无期徒刑，今后没人敢买他们的房屋，注定世世代代都要缴通行费，想不到他们辛苦一辈子买房子，竟这样纠缠不清、祸及子孙。

这8户人家当初买屋绝对不清楚有如此这般的复杂情况，信息不足或信息不对称的情况亦极明显，对于法律的判决，他们虽懒得再上诉，但不甘心和愤愤不平可能深烙在心中，因而社会福利有缺失也显而易见。类似这类“使用者付费”的例子，社会上比比皆是，由此例已可得知并没有得到最大的社会福祉。玄机何在？

科斯早已为我们揭示谜底。他在 1960 年 10 月出刊的《法律与经济学杂志》中发表《社会成本的问题》一文，提出了石破天惊的异于主流之论点，关于 A 对于 B 造成伤害的问题，我们一般认定的是：我们应该如何限制 A 的行为。科斯认为这种想法是错的，因为我们所处理的问题带有“交互的性质”，即不伤害 B 却可能会对 A 造成伤害。

因此，科斯认为我们必须决定的问题是：我们应该准许 A 去伤害 B 呢？还是应该准许 B 去伤害 A？而这种问题其实就是如何减轻伤害程度的课题。

科斯举例说：有一家糕饼工厂，其机器所产生的噪声与震动声干扰了一位医生的诊疗工作。若要避免医生受伤害，就会对糕饼工厂的主人造成伤害。此例揭示了问题的本质：我们若限制了工厂主人的生产方式，以期医生的工作量可以提高，必须付出的代价就是糕饼工厂的产量将会减少。这样做到底值不值得呢？

科斯再举另外一个例子来说明：牧场的牛群到处游荡损害邻近农作物的问题。如果无法防止牛群到处游荡，要增加牛肉的供给，就必须以农作物的产量下降来作为代价。所以，问题的本质很清楚：要牛肉还是要农作物？其中的关键则是：除非我们知道我们取得的物品之价值，以及我们要取得这些物品因而放弃之物品的价值，否则这个问题的答案并不明显。

为了让读者更了解问题的内涵，科斯再举一个我们常见的河流污染的例子。假设污染河流所造成的损害就是河里的鱼类会被杀死，我们必须做的判断就是：被杀死的鱼类之价值是否大于不污染河流就无法生产出来之产品的价值？要探讨这类问题，我们必须同时考虑总量和边际量。

关于这类某一群人对另一群人造成伤害的问题，即使到现在，经济学家大多还是认为，圆满解决这个问题的思路是：伤害别人者，必须赔偿该行为所造成的损失，这也就是我们非常熟悉的“使用者付费”观念。

我们也都知道，类似上文所提的工厂污染、河流污染以及噪声等，即使利用“使用者付费”的观念也都需要确定产权，并需要公权力介入，这也是一般社会里政府设定明确财产权，并且利用课征污染税，或者法官在法庭判定赔偿的方式。

让自由市场担任仲裁者

这种看似理所当然的方式，除了上文提及的费用估算和损害多寡的推断存在着问题外，科斯以整体社会资源运用或社会福利的角度，得出“害人者或使用者不一定须付费”，且说不定“受害者愿意付费给使用者”，让使用者减低伤害程度，或者让使用者搬移致损害消失。其中的关键就是成本效益，或者总产量和边际产量等等的估算。问题是：谁最有资格来估算？答案应是：当事人自己。而一件事情的当事人是两方，那么如何让彼此真实地表达出自己内心深处的真正价值（或成本、效益）呢？标准答案就是竞争市场。

因此，如何创造市场、如何让市场行为得以顺利进行就是关键所在。若民间当事人可以心平气和地协商解决，就没有问题发生，否则需要第三者来担当，而这个第三者当然是双方当事人都信得过的，或者是族长、村长等具公信力的有威严的人士，在现代社会里，往往换成政府扮演这种角色。

于是，发生在新营市的那个案子，代表有公信力和威严的法院法官径自判定使用者付费，而且还判定赔偿金额，是否干预过度？别说住户心不甘情不愿含恨在心，社会福利恐怕也未达到极大。不过，为什么双方当事人无法心平气和地私下协商，完满解决呢？这恐怕才是我们应该深自思索的课题。

顺便一提的是，科斯对“使用者付费”提出异见时是在 20 世纪 50 年代末期。当时，号称自由经济重镇的美国芝加哥大学经济学系，有着一大群全球顶尖的经济学名家，他们大多反对政府干预，但在使用者付费上却认同政府干预的主张。

当科斯提出不同看法时，他们还都以为科斯说错了，于是举行了一场闭门公审会，把科斯找去芝加哥，一群人逼问科斯。起先科斯形单影只，一人独战群雄，当他讲到一半时，1976 年的诺贝尔经济学奖得主弗里德曼就起身附和他，而且代替科斯发言，最后全体与会者完全认同科斯的观点。当科斯搭车离开芝加哥返家途中，强烈感觉有必要将其论点讲清楚、说明白，于是《社会成本的问题》这篇被引用次数名列前茅的不朽文章出炉了。

不过，科斯到 1988 年再写《阐释社会成本的问题》一文时，曾感慨地说，近 30 年诸多人认同或批评他 1960 年那篇《社会成本的问题》的论点，绝大多数人都曲解了他的本意，逼得他不得不再更仔细地阐述。不知道情况是否改善了？科斯已在 2013 年辞世，无法得到答案了！

花香不是香，怎么说

“花香”是外部成本，还是外部效益？一则因为夜来香香味引发邻居失和的新闻，突显了化解外部性问题的重要性。由于个人感受不同，认定一个事件的加害者与受害人就变得困难，此时当局或许能扮演公正裁判的角色，化解外部伤害。

“那南风吹来清凉，那夜莺啼声凄怆，月下的花儿都入梦，只有那夜来香，吐露着芬芳。我爱这夜色茫茫，也爱着夜莺歌唱，更爱那花一般的梦，拥抱着夜来香，吻着夜来香。夜来香，我为你歌唱，夜来香，我为你思量。啊……我为你歌唱，我为你思量……”至少中年以上的台湾民众，一听到这段词和旋律，想必都会跟着哼唱起来。这首 20 世纪 40 年代出炉的电影《香江遗恨》的插曲《夜来香》，在南风习习的月夜，哼唱起来多么令人陶醉，而亲吻夜来香、鼻闻夜来香的香味，又是多么浪漫、多么的诗情画意和沁人心扉！

花香为害，怪哉

2002 年，台湾北部正值有着严重干旱问题的五月天，但当时却有一位台南市民，因为难忍邻居种植的夜来香之浓香，一状将邻居告到当地环保署。这位市民在陈情函中指出，邻居于 3 年前开始种植一株夜来香，每当夜来香盛开时，家中全都是花的香味，自己家中的味道顿然消失。当时树还小，味道还较清淡，碍于邻居情面，虽不喜欢，但还是决定忍耐。不料，3 年过去，小夜来香如今长成 3 米高、2 米宽的大树，散发的香味愈来愈浓郁，且花期长达 9 个月，全家乃长期陷入夜来香的灾难中，而他们的卧室又正好临近这株夜来香，家中包括生病的父亲在内经常彻夜不能成眠，全家生活受严重干扰，家人已忍无可忍。这位市民曾试着和邻居沟通未果，也曾向地方环保机关陈情但不了了之，无计可施下乃告到环保署。正在环保署也苦于无法可管之际，报载该邻居在眼见闹成大新闻后，已自动将祸首夜来香斩除。

对应于夜来香这首歌的意境，这个活生生的现实社会事件实在煞风景，可是这一家子人却真真切切地受到夜来香味道之害，设身处地，大家应该也都会感同身受吧！不过，花香不是好的东西吗？这一家子的反应是不是“反常”呢？大概是吧！由此事件我们当更能体会出不可以用“想当然”的态度来处世，凡事应为人设想，站在别人角度上去感受，因为凡事大概都难免有例外，而这些例外也往往被忽视呢！其实，由“海畔有逐臭之夫”这句古早就有的话语，我们也就可以得知“一样米养百样人”“人各有志”并不只是说说而已的。

如何化解外部性问题

“花香惹祸”之成为大新闻，在于花香这种对一般人来说是求之不得的好东西，但对特殊的人却不但不香，反成害。这户人家铁定是不会种植夜来香的，但他们是否可以禁止别人栽种呢？类似的问题，像“住在铁工厂隔壁者可以阻止工厂不开机器吵人吗？”“公寓可以养狗吗？”等，在现实社会里不胜枚举，尤其人口越来越多、高楼大厦越来越多、声气相通越来越难以避免的现代社会，某些人的行为难免会在无意中产生影响其他人的所谓“外部性”，特别是“外部伤害”，如何妥善化解呢？制定法律、诉诸公权力是好方法吗？还是当事人都心平气和，在彼此都抱持“为对方着想”的心态下，大家和乐地沟通来找出解决之道较好呢？

就一般常识，以夜来香事件来说，若问：“谁是受害者？”大家是否会脱口而出：“种花者的邻居？”接下来可能还会有“种花的害人者应该赔偿受害者”之推论。这种自然而然的反应，经由深一层的探究之后，答案可能完全相反，也许种花者也是受害人，而被认定为受害人的人不但不会要求赔偿，反而会为害人者掏腰包要求其停止害人的行为呢！这似乎违反公平正义吧？！道理何在呢？

这一家种植夜来香，其花香味道四溢，至少波及左邻右舍，其范围有多广，并不容易认定。不过，即使没做实地访查，我们也可断言，或有喜欢闻该株夜来香味道的邻居或过路人，而这株夜来香砍掉之后，他们岂不是享受不到花香，不也成为受害人吗？再说这株夜来香的主人为何没有种花的权利？而他种花、砍树不是得花费“有形成本”吗？连同备受舆论指责及失去种夜来香权利的心理损失，我们能说“这户人家不是受害者”吗？所以，一件事情的害人者、受害人，其实是很难确切认定的。其次，纵然认定了害人者和受害人，哪一方支付赔偿，也还是未定之天呢！

此种异于一般常识的深层推理是1960年才出现的，主角是科斯这位经济学界的优雅隐士，他是在1960年一篇精妙地分析联邦通信委员会的管制的哲学论文里提出这种见解的，当时提出时震惊了芝加哥大学那一大群世界顶尖的自由经济大师，一场原先一（科斯）对二十（包括弗里德曼和斯蒂格勒这两位诺贝尔经济学奖得主在内的芝加哥大学教授）的小型家庭式辩论会，到后来竟成为二十一对零的结果，即所有人都倒向科斯那一边，而著名的“科斯定理”也就此诞生。科斯在返家路上思索，连顶尖学者都得花费一番唇舌说服，可见其中的道理很难参悟，有必要说得更清楚，于是他很快地完成了《社会成本的问题》这篇影响深远、也是他获得诺贝尔奖的主因之论文。之后，一向由政府出面以课税或补贴来内化外部成本或外部效益的“庇古式主张”就受到颠覆。不过，科斯定理并非排斥或否定政府的重要性，而是要政府扮演适当角色，那就是明确产权、保护产权、创造市场、充当公正裁判等职责。在自由民主社会里，科斯的主张是可行的，若配合“人心向善回升”就更完美了。

第五章

结语——念科斯，思“黑板经济学”

科斯在文章中特别强调：“交易成本为零的世界，常常被称为科斯的世界（Coasian World），这真是错得无以复加。现代经济理论的世界，才是交易成本为零的世界。”而这正是他极力想说服经济学家离开的世界。

科斯是英国人，1951 年才移居美国。这位现代隐士的“科斯定理”被张五常教授认为“改变了下一代的民生”，但科斯本人却认为了解其本意者并不多，这到底是怎么一回事呢？因而特别有必要在科斯永离尘世后将它引介出来，尤其是在当今政府大力干预经济的时刻，面对官民对立、族群相煎，更让人怀念科斯，也值得让我们再深思“科斯定理”及其抗拒“黑板经济学”的启示。

科斯在 1910 年出生于英格兰的米德塞克斯郡，1932 年从伦敦经济学院毕业，随即开始教学生涯。1932—1934 年，科斯任教于邓迪经济学院，而后转至利物浦大学（1934—1935 年），于 1935 年回到母校伦敦经济学院当讲师。科斯在 1951 年就移民美国，1951—1958 年在水牛城大学谋得教职，1958 年移到弗吉尼亚大学，至 1964 年即转赴芝加哥大学担任法律学院和商学院合聘教授，退休后直到 2013 年去世一直是芝加哥大学的名誉退休教授。科斯在1964—1982年这一段时间中，由戴雷科特手中接下著名的《法律与经济学杂志》主编重任，奠定了该期刊迄今的崇高学术地位，也使法律经济学发出炫目的光芒。

著名论文不超过一打

在长达75年的研究生涯中，科斯只写了约12篇著名论文。在对实际世界做观察的过程中，他很少用（可说几乎不用）数学，被誉为“20世纪最不寻常的经济学家”，有着既深且远的影响力。在前20年研究生涯中，科斯虽是一位“社会学家”，却拥有一个极少数社会学者具有的癖好，即对经济体系的如何运作非常好奇。

1931年，科斯在大学毕业的前一年（刚满20岁）获得一项游历的奖学金，到美国一游，除了参访福特和通用两家汽车大厂外，他还到芝加哥大学旁听奈特这位芝加哥学派掌门人的课。1932年，他返回英国后写下《厂商的本质》这篇文章，不过竟然等到约6年之后（1937年）才发表。这篇文章很有名，但其巨大的影响力要到近40年后才发挥出来。一个21岁的青年，竟然可以写出一篇近40年后在经济学上具有革命性的文章，无怪乎全球产权名家张五常教授会说“奇哉怪也”。

厂商为何存在

科斯亲眼见识到美国大汽车厂的良好营运，对于经济学家认为“列宁相信苏联经济体可以像一家大工厂一样运转是错的”之说法，甚感困惑。在《厂商的本质》这篇宏文中，科斯给出了答案，即厂商固然很像计划经济体，但不同的是，它是由人们自愿选择形成的，也就是说“由下而上自然形成”而非“由上而下强制形成”的。为何人们会做此种选择呢？因为“市场运作成本的存在”，也就是有“交易成本（或费用）”，就因为市场运作成本的存在，最有效率的生产过程往往在厂商内部出现，这种为何厂商会存在的解释催生了一个学科。

科斯在1960年发表的《社会成本的问题》一文更是惊天动地，也促成了“法律经济学”这一学科的诞生。在科斯之前，绝大多数经济学家都接受英国经济学家庇古的说法，举例来说，若牧场养的牛毁坏了隔邻农家的农作物，政府就应该对牧场主人收费或课税来阻止牛的损害并补偿农人的损失，这也就是当今流行的“使用者付费”理念。科斯的论文挑战此种说法，他认为农人也可能付费给养牛者来防止作物损毁。究竟谁该付费及付多少费用，应由当事人协商，不应由政府全权决定。

1982年诺贝尔经济学奖得主斯蒂格勒更就科斯的主张创出了脍炙人口的“科斯定理”这个专词，但其对此定理的诠释——“若交易成本为零，就不需政府做任何干预”却被亨德森（David R. Henderson）在2013年9月5日发表于《华尔街日报》（*The*

Wall Street Journal）的悼念文指出并不受科斯认同，因为科斯明确澄清说他并没假设交易成本为零。究竟“科斯定理”的真义是什么？科斯自己又是怎么认为的呢？

科斯在 1988 年，也就是《社会成本的问题》一文发表 28 年之后，才写了《阐释社会成本的问题》这篇文章来综合回答及澄清他在《社会成本的问题》中所阐述的道理。科斯一开始就谈“科斯定理”，他是这么写的：“‘科斯定理’这个名词不是我创造出来的，将这个定理加以明确地模型化的，也不是我本人，这全都要归功于斯蒂格勒。虽然斯蒂格勒的表达方式与我的方式有很大差异，但他对这个定理的说明的确是出自我的论著，而且在我的文章中也可以发现相同的想法。”

“科斯定理”真义何在

科斯明确指出，“科斯定理”这个命题是由他 1959 年刊在《法律与经济学杂志》的《联邦通信委员会》一文转化出来的。科斯亲笔写下“科斯定理”的要义为“权利的界定，虽然是市场交易得以进行的先决条件……但是，最终的结果（此结果会导致产值臻至极大）却与法律如何规定无关”。我们可用白话来说，就是“产权的明确判定是先决条件，至于判定给谁，则与最终结果无关”（无论产权属于谁，都会得到产值最大化的结果）。

科斯在该文中也明写着斯蒂格勒用“……在完全竞争情况下，私人成本就会等于社会成本”来说明科斯定理的正确性，若交易成本不存在，独占厂商就“表现得像一家完全竞争厂商”，因此，假如交易成本不存在，私人成本就会等于社会成本。虽然科斯是用“产值最大化”来表达科斯定理，与斯蒂格勒用“私人成本等于社会成本”的方式不同，但两者论点是一致的、相同的。

关于科斯和斯蒂格勒对“科斯定理”的陈述，论者几乎都聚焦于“科斯假设交易成本为零或完全竞争是错的”，因为实际世界不是这样的，科斯苦口婆心澄清说，这种假设是当代经济学和经济学家通用的，他只是借之说明如果这种假设是真的，那么市场机制就可达到最佳效果，政府不需要干预。就因为实际世界充斥交易成本，不是“黑板经济学”的世界，经济学家才应该走出象牙塔，对实际世界进行观察，研究如何降低交易成本，更不能把交易成本存在（或完全竞争不存在）当作“市场失灵”的现象而衍生出政府管制、干预（这也是“庇古式税收”出现的主因），并且认为在黑板上演算就可得到达成最佳状态的政府政策是什么。

科斯在文章中特别强调：“交易成本为零的世界，常常被称为科斯的世界（Coasian World），这真是错得无以复加。现代经济理论的世界，才是交易成本为零的世界。”而这正是他极力想说服经济学家离开的世界。在《社会成本的问题》一文中，科斯所做的就是在厘清这个世界的一些性质。他认为，在那样的世界里，资源的分配与法律规定无关。这个结论就被斯蒂格勒称为“科斯定理”：“……在完全竞争情况下，私人成本就会等于社会成本。”甚至“在完全竞争情况下”这个限制条件，都可以加以省略。

科斯指出，庇古的著作一直主宰着这个领域的思想。经济学家遵循庇古的主张，尝试去解释为何私人成本与社会成本会发生差异，以及该如何解决这个问题。但在他们所使用的经济理论中，私人成本与社会成本却永远相等。这也就难怪他们的结论经常是错误的。经济学家之所以会犯错，原因在于他们未曾将一个关键的因素纳入考虑，而这个因素，却是他们在分析法律改变对资源配置的影响时所不可或缺的。这个漏掉的因素，就是“交易成本的存在”。

如果交易成本为零，生产者可以安排各式各样的契约，以期产值臻至最大。假设有办法使损失减少，而且所花的成本小于损失下降的幅度，又假如这些是可采用的办法中成本最小的，则这些办法就会被采行。有可能只有某个生产者采用这些办法，也有可能好几个生产者同时采行。

庇古式税收不可能得到

关于庇古式税收，科斯在《阐述社会成本的问题》文末引述鲍莫尔的话："总括来说，要一五一十地实施庇古式税收制度，我们实在没有什么理由抱持太大的信心。实施这个制度所需要的税收，或所需给予补贴的额度，我们不知道应该如何去计算，也不知道如何从试错中去算出大概的数字。"他表示："鲍莫尔所说的'庇古派传统的结论本身，实际上是没有瑕疵的'，指的应是逻辑上没有瑕疵。而且假定能将该制度付诸实施的话，资源的配置可以达到最佳（但事实上，这些税制方案是无法施行的），就这一点而言，我从来没有否认过。我的看法不过是，这些税制方案只是些梦想罢了。当我年轻的时候，有人说，说不出口的蠢话，可以用唱的。而在当代经济学中，说不出口的蠢话，则可以用数学来表达。"

科斯其实告诉我们，纵使在黑板上能画出漂亮的图，指出课税能达到社会资源最有效率的最佳产出均衡点，但实际上是无法计算的，也不可能达到的。那么如何做才好呢？我们先将《社会成本的问题》的产生过程介绍之后，再来谈这个问题。

由上文的分析可知，"科斯定理"的提出源头是《联邦通信委员会》和《社会成本的问题》二文，而该二文在面世后的近30年中虽获得极大反响，但科斯却觉得没有被看懂，又得自己在28年之后再写《阐述社会成本的问题》来澄清。这并不是因为科斯的文笔不好，也不是因为他不使用高深的数学，其中原因可在被认为最能领悟科斯理念的张五常的说法中可见一斑：“不少经济学者都知道，科斯曾不断地申诉过，读者不明白他的文章。但一般读者却认为，科斯的文字好得出奇，明朗之极。已故的约翰逊是文字操纵自如的大名家，他曾告诉我，科斯是百年仅见的文字高手。但为什么科斯认为别人看不懂他的文章？我觉得他并非过于敏感，而是他的思想深不可测，明朗的文章读来似浅实深，使得很多不真正明白其意的人认为自己明白了。”

《社会成本的问题》之诞生

张五常表示，他是从1962年起细读科斯的《社会成本的问题》的，且一次又一次地读了3年，其间每读一次后都静静地思索，思索后又再读。由此可见“理白言明”的好文章的内涵也不是容易领悟的，非得下功夫再三揣摩不可。这一篇让科斯获得诺贝尔奖的巨作，其诞生过程很值得一说再说。

1958年年末，《法律与经济学杂志》创刊号出版了，刚到弗吉尼亚大学任职的科斯觉得这其中的文章很有意思，便在1959年投稿一篇长文，名为《联邦通信委员会》。主编戴雷科特一读来稿，惊为“天文”，就把它发表于1959年那期的头版，但面世已是1960年了。原因是虽然戴雷科特认为此文是天才之作，但当时芝加哥大学的众多经济学高手都说科斯的论点错了，不修正就不应发表。戴雷科特将所有的反对观点向科斯转达，但科斯坚持己见，不认为是错的，“死不悔改”。这样书信来往好几次，到最后，科斯回信说：“就算我是错吧！你不能不承认我错得很有趣味，那你就照登吧。”戴雷科特的回应是：“我照登可以，但你必须答应在发表之后，到芝加哥大学来，做一次演讲，给那些反对者一个机会，亲自表达他们的反对观点。”科斯回信说：“演讲是不必了，但假若你能选出几位朋友，大家坐下来谈谈，我倒是很乐意赴会。”

后来在1960年春天的一个晚上，戴雷科特邀请了弗里德曼、斯蒂格勒、哈伯格、贝利、卡塞尔、麦基、路易斯、明兹等，加上戴雷科特及科斯共 21 人与会，经济学的讨论从来没有那样多的高手云集。

这是经济学历史上最有名的辩论聚会，辩论是在戴雷科特的家里举行的。戴雷科特在家里请吃晚饭，饭后大家坐下来，科斯问：“假若一间工厂，因生产产生污染而影响了邻居，政府应不应该对工厂加以约束，以抽税或其他办法使工厂减少污染呢？”所有在座的人都同意政府要干预，但科斯说：“错了！”跟着而来的争论长达两个小时，结果是科斯屹立不倒，其他的高手全倒向科斯这边。有趣的是，科斯是出身于主张政府干预的伦敦经济学院，而这些芝加哥学派的高手是在反对政府干预的芝加哥大学，此时竟然角色倒置，到最后还是回归政府不应干预。

科斯的《联邦通信委员会》一文，探讨的是美国联邦通信委员会，它是一家权力极大的政府机构，管辖美国的全部媒体，举凡广播电台、电视台、电话、刊物等都包括在内。科斯问：这机构的庞大权力，从何而来？他追寻历史，得到了很清楚的答案。在 19 世纪初期，美国东岸的渔民驶船出海捕鱼，一去就是好几天，家里的人与他们联络靠的是收音机。假若两艘或多艘渔船同时用同一收音频率与岸上的家人对话，那么声音就会在空中乱作一团，使对话听得不清楚。后来，用收音机与陆地上对话的船只越来越多，各频率乱搭一通，弄得乱七八糟。更有甚者，有些好事之徒为了过过瘾，乱用频率，向渔船广播错误的天气讯息。这样的情况当然不能继续容忍下去。美国联邦通信委员会的前身是一个很小的机构，设于 1927 年，用以管制播音频率的使用。在取得了系统性控制收音混淆情况这一项成功后，小小的委员会的权力迅速扩大，从 1934 年开始扩展到美国所有的传媒及通信各方面。

这个领域需要一个近乎政府的机构来管辖，这本来是一件明显不过的事，科斯却认为是多此一举！他认为，声音在空间中弄得一塌糊涂，是因为频率没有明确的、清楚的权利界定。问题的所在是频率不是私产。若没有管辖，谁都可以任意使用，岂有不乱七八糟之理？假若每个频率都被界定为私有产权，那么越权侵犯的人就会被起诉。如果所有的频率都成为私产，那么没有频率“在手”而又要使用的，大可向频率的拥有者租用。于是市场发挥作用而大显神威，把空间频率乱搭一通的混淆整理得一清二楚，而价高者得的方法，又可以使频率的使用转到愿出高价者的手上去。

如上文引述过的，在《联邦通信委员会》文内，科斯说的“清楚的权利界定是市场交易的先决条件”这一句话就造就了举世知名的“科斯定理”。张五常指出：“不要以为这话很肤浅。在今天，有好些经济学博士还是对它不大了了。”

张五常表示，芝加哥大学的众多高手，当年反对科斯在《联邦通信委员会》文内的分析，不是因为科斯认为把播音的频率私产化就可以解决问题，他们反对的是作者科斯把频率公用的混淆“一般化”，衍生到他们认为政府必须干预的例子上去。

清楚界定产权就是关键

科斯认为，频率公用的混淆效果与任何资产公用的效果相同。他说：一块地用来种植，同时又用来停车，其效果与频率乱搭同样一塌糊涂。于是他指出，停车的人损害了种植者的利益，要前者赔偿后者可能是错的。如果为了要种植而不许停车，那么种植者岂不是也损害了停车者的利益？那么种植者是否要赔偿停车者的损失呢？工厂生产产生污染影响邻居，要工厂赔偿给邻居吗？还是要邻居赔偿给工厂，请工厂减少污染？科斯也认为，说不定工厂污染越厉害，对社会贡献可能越大！

在戴雷科特家里的大辩论，其结局是使每个参与的人都恍然大悟：频率乱搭既然是产权的问题，那么污染也是产权的问题了。工厂是否有权污染邻居，邻居是否有权不受污染？权利属谁不重要，重要的是要有“业主”，要有清楚的权利界定。一旦界定了，是工厂的也好，是邻居的也好，污染的多少就可用市场的交易来解决，而不管权利谁属，只要被界定了，在市场的运作下，其污染程度都是一样的。张五常说：“科斯定理就是这样简单。”

科斯对张五常说，当他那天深夜踏出戴雷科特家时，已成竹在胸。回到弗吉尼亚大学之后，他答应戴雷科特写一篇关于那天晚上他所做的澄清与分析的文章，这篇文章就是《社会成本的问题》，是20世纪被引用次数最多的经济学作品。

“黑板经济学”的世界是交易成本为零的世界，与实际世界大不相同，现实人间充斥交易成本，人与人之间也到处碰到互相影响、互相伤害的场景，因此科斯要经济学家走入充斥交易成本的世界来面对问题、解决问题。他认为政府干预、管制不只无效，还会产生“卡特尔”、寻租（勾结、特权、保护等）及其他负面效果，而当今世人通用的“庇古式税收”不能解决问题，也不能达到社会资源的最有效率使用的境界。

明确的权利设定或产权明确是先决条件，在产权明确之后，如何在交易成本最低下达到产值最大呢？政府明确产权，充当公正裁判，创造一个和谐的协商市场，让当事人诚实地反映各自成本效益而签订合约成交，这是不是最好的办法？在当今尔虞我诈，假、骗、不诚信当道，人人为近敌，交易成本庞大的人间，这种方式好像不是使社会产值最大、成本最低的办法，似乎是乌托邦想法。但国家领导人若能讲信修睦，上行下效，让“说真话、办真事、做真人”的社会早日实现，不是很容易就可做到了吗？

关怀中国经济改革和中国人民

科斯对拥有5 000年文化的中国及中国人民特别关心，当1978年年底邓小平宣布“放权让利”的改革开放时，他就催促产权名家张五常教授赶紧参与其中，因为张教授对变革和产权最清楚，又懂中文，最能帮助中国往正确的路进行改革。而张五常也听从科斯的话回香港任教，并重拾早年学习的中文，写出一篇篇有关种种私产和明确权利界定的重要性的通俗文章，将科斯的理论精华转化成实际应用。他从科斯所创的“交易成本与权利界定”这两项科斯的看家本领入手，指出“资产的所有权不重要，但资产的使用权与收入权重要”。

张五常相信经济学者的职责是解释世事或现象，于是遵从科斯跳脱“黑板经济学”，将走向歧路的当代经济学进行改造，终于完成了《经济解释》巨著。该著作在21世纪新世纪进入中国的大学，而青年学子也纷纷阅读，这对于我们下一代人的思想将会起到很大的作用。张五常借由经济学课本打开了令科斯忧心的市场，相信也能让科斯在天上感到无限欣慰吧！